Inhalt

Vorwort von Samuel Koch

Liebe Schwester Teresa,

unsere gemeinsame Vergangenheit, „die Freude an Geschwindigkeit und Bewegung beim Kunstturnen", hat uns wohl beide das Kämpfen gelehrt.

Doch wahrhaft essenziell verbindet uns – mehr als das Saltoschlagen und unsere ähnlichen Erlebnisse im Umgang mit Leid – „dieselbe geistige Blutgruppe".

Schnelle Phrasen (wie „Kopf hoch, du bist ein Kämpfer" oder „Du schaffst das!") wirken eher entmutigend als hilfreich. Spätestens wenn der Ratschläger das Krankenzimmer verlassen hat, stellten wir uns vermutlich beide diese Fragen: „… und wenn ich es nicht schaffe, was dann? Bin ich ein Versager? Habe ich zu wenig Glauben?"

Ende gut, alles gut? Diese vermeintliche Weisheit ist schwer erträglich, beinahe ein (Rat-)Schlag ins Gesicht. Was, wenn das Ende zwar greifbar, aber weder erwünscht noch gut ist?

„Ich musste in den Abgrund schauen, mein Leben wurde auf den Kopf gestellt. Aber auch kopfüber war dieser wunderbare Gott zu finden."

Dies ist eine Erfahrung und Gemeinsamkeit, die ich mit Dir teile, liebe Teresa.

Auch taugen wir beide nicht recht als Monument-Figuren, eher als solche, die auf DEN hinweisen, der Anfang und Ende in seiner Hand hält.

Bei ihm ist Klagen, sogar Anklagen, erlaubt und seine Liebe hört dadurch nicht auf.

Auf die Fragen: „Wie schaffst du das?",

„Woher nimmst du die Kraft?",
geben wir gewiss die gleiche Antwort: Nicht allein!

Menschen, die wie im Römerbrief 12,15 mit den „Weinenden weinen", sind uns beiden zweifelsohne die liebsten.

Ich bin froh, dass Du mit Deinem 24. Buch Deinen Wegbegleitern schenkst, was unser Leben lebenswert macht:

die Hoffnung
zu leben,
zu lachen und
zu lieben.

Dein Samuel

Gemeinsam beim Kongress 2019 in Bad Soden / Taunus

1. Einführung – Jetzt erst recht – lebe, lache, liebe!

Es gibt ein Leben nach dem Tod.
Das glaube ich von ganzem Herzen.
Und es gibt ein Leben nach dem Krebs für mich. Halleluja.
Und so möchte ich es in die ganze Welt hinausschreien:
„Jetzt erst recht! Lebe, lache, liebe!"
Denn: Es gibt auch ein Leben vor dem Tod!

Dass ich noch lebe, verdanke ich natürlich meinem guten Gott, der sich ein abenteuerliches Rettungspaket für mich hat einfallen lassen, aber auch einem Buch, was für mich 2019 ein Geschenk vom lieben Gott war, es schreiben zu dürfen. „Lebe, lache, liebe … und sag den Sorgen gute Nacht" wurde nicht nur ein Bestseller und erreichte bis jetzt die 8. Auflage, es hat auch vielen, vielen Menschen in der Coronapandemie neuen Mut und Hoffnung gegeben, manche sogar vor der Verzweiflung gerettet, wie mir geschrieben wurde. Vor allem aber hat es mir selbst geholfen.

Ja, Sie lesen richtig. Mir selbst. Der Autorin. Denn jedes Wort, das dort niedergeschrieben wurde, habe ich nicht nur am eigenen Leib mit Schmerz, Tränen und Wagnis überprüfen und ausprobieren dürfen, sondern im wahrsten Sinne ausgelitten. Es hat mich selbst zum Umdenken, Andersdenken und Freidenken gebracht. Ja sogar von Todesangst befreit.

Umso größer gilt meine Dankbarkeit dem Brunnen Verlag, dass Sie nun die Fortsetzung in den Händen halten.

Niemand hätte noch 2019 ahnen können, wie ein kleiner tückischer Virus 2020 unsere gesamte Welt auf den Kopf stellen sollte oder wir 2022 fassungslose, ohnmächtige Zuschauer eines Krieges auf europäischem Boden sein würden. Wir waren alle so in unserem alltäglichen, selbstverständlichen Alltag eingespannt, spulten unsere Termine herunter und funktionierten mehr oder weniger tadellos. Es gab keinen Stillstand.

2019 war für mich persönlich ein großartiges Jahr. Zu über 200 Veranstaltungen war ich als Rednerin eingeladen, unsere Kleine Kommunität feierte ihr 25-jähriges Bestehen, drei weitere Bücher durfte ich schreiben und komponierte gemeinsam mit den „Stimmen der Berge" eine CD, um 2020 gemeinsam damit auf Tournee zu gehen. Genau zum Buch konzipierte ich den Vortrag „Lebe, lache, liebe dich frei" und unsere wunderschönen Lieder mit großartigen Sängern umschmeichelten meine Worte. Die ersten Probekonzerte waren wundervoll. Was für eine Kombination! Die kleine verliebte Schwester mit den stimmgewaltigen „Jungs" von den Stimmen der Berge. Bald nach Erscheinen des Buches Februar 2019 hatte der passende Vortrag zum Buch Premiere.

Das Besondere an „Lebe, lache, liebe …" waren nicht nur die hilfreichen Ermutigungen, wie wir besser mit unseren Sorgen umgehen können. Wie wichtig das Lachen und der Humor in unserem Leben sind, um seelisch gesund zu bleiben. Ich hatte mich auch zum ersten Mal an das Thema Tod und Sterben herangewagt. Ich staune selbst, wie vielen Menschen ich damit Trost geben und Ängste nehmen konnte. Noch nie hatte ich so viele Rückmeldungen zu einem Buch erhalten.

„Ich danke Ihnen von Herzen – das Buch ist der absolute Hammer. Ich liebe es, darin zu lesen, wenn ich traurig bin, und es macht mich froh und meine Gedanken werden nicht mehr so düster." Oder: „Liebe Schwester Teresa, gestern bekam ich Ihr neues Buch. Als ich Ihre persönliche Widmung sah, war mein Herz berührt und ich musste anfangen zu lesen. Ich las in der Badewanne und auf dem Sofa und plötzlich war ich auf der letzten Seite. Eigentlich wollte ich mal kurz nach der Arbeit reinlesen, doch schwupp war ich am Ende angekommen. Es ist ein wunderbares Buch. Sehr inspirierend und wohltuend." Oder aber auch diese: „Ich bin zutiefst bewegt. Mir kamen die Tränen. Liebe Teresa, es ist sooooooo wichtig, dass Du den Tod, vor dem letzlich alle, alle Angst haben, thematisiert hast. Du hast es wundervoll gemacht und alles bedacht." Berührende, liebenswerte Worte erreichten mich über Monate, aber eine E-Mail wühlte mich so sehr auf, dass ich gar nicht mehr aufhören konnte zu weinen. Wir waren gerade an einer Tankstelle in der Schweiz und ich überflog schnell meine Mails, während Pfarrer Franz tankte. Er erschrak, als er mich tränenüberströmt sah. Aber als er hörte, was mich so bewegt hatte, war auch er sehr ergriffen. Man hatte mir berichtet, dass liebe Frauen aus einer Gemeinde einer Dame, die ein großer Fan von mir wäre, mein Buch geschenkt hätten, bevor sie in die Klinik musste. Sie hätte sich so darüber gefreut. Aber sie verstarb einige Zeit später in der Klinik. Weil sie keine Angehörigen hatte, legten ihre Freundinnen „Lebe, lache, liebe" mit in den Sarg, in ihre Arme, „das hätte sie so gewollt". Ich war fassungslos ergriffen.

Eine Veranstalterin rief mich an, um unseren Vortragstermin zu besprechen, und erzählte mir, dass eine Frau, die mich sehr verehrt hat, mich schon vor acht Jahren buchen wollte und es leider damals nicht geklappt hat. Sie sei im Dezember 2021 an Brustkrebs verstorben und auf ihrem Grabstein würde „Lebe, lache, liebe …" stehen! Wir hatten gerade ausgemacht, dass sie die Familie dieser lieben Frau einlädt, wenn ich komme, und dass ich an ihrem Grab ein Gebet sprechen werde und natürlich diesen Vortrag dort halten werde. Auch jetzt kullern Tränen über meine Wange.

Wie danke ich Gott auch dafür, als mich eine Mutter um ein signiertes Buch für ihre 16-jährige Tochter aus Südtirol bat, die während des ersten Lockdowns Todesängste bekam. Wochen später schrieb sie mir, dass ihr meine Worte sehr geholfen hätten. Dafür lebte ich doch, dafür hatte ich es geschrieben. Die Sorgen wahrzunehmen, sie aber nicht zu bewerten und ihnen keine Macht über unser Denken und unsere Gefühle zu geben. Besser sie abzugeben und in Zuversicht verwandeln zu lassen. Denn es nützt überhaupt nichts, sie verdrängen zu wollen. Es gibt wirklich keinen schlimmeren Satz, den wir jemandem antun können, als ihm zu empfehlen, sich keine Sorgen zu machen. Das nützt überhaupt nichts. Im Gegenteil, es verschlimmert sein Befinden nur noch mehr. Wenn wir besorgt sind, sind wir es! Wenn wir angstvolle Gedanken zugelassen haben, können sie uns so sehr bedrängen, so heftig und gewaltig werden, dass wir uns selbst nicht wiedererkennen. Nie und nimmer hätte ich ahnen können, dass meine eigens geschriebenen Worte in diesem Buch mich ein Jahr später selbst davor bewahren würden, an meiner eigenen Todesangst zu ersticken.

Ich hatte 2019 gewagt, mich mit dem Sterben auseinanderzusetzen. Mich meiner Angst zu stellen, als noch keine existenzielle Bedrohung im Raum stand. Als ich erfolgreich, gesund und putzmunter von Vortrag zu Vortrag düste und auch die Nacht zum Tage machte. Ich liebte mit jeder Faser meines Lebens meine Berufung und tat alles, was ich tun musste, schrecklich gerne. Außer vielleicht die Büroarbeiten mit den Steuererklärungen und die wöchentlichen Buchungen der Hotels. Was ich alles in Hotels erlebt hatte, davon könnte ich ein ganzes Buch füllen. Mein Leben war so abwechslungsreich und es gibt keine Region in Deutschland, wo ich nicht schon eingeladen war. Kindergottesdienste halten oder vor Schulklassen reden. Vorträge bei IT-Firmen, Sparkassen, Ärzten,

Rotary Clubs oder Wirtschaftstagen. Christliche Gemeinden über alle Grenzen hinweg. Ob katholische, evangelische oder freikirchliche Gemeinden. Unzählige Frauenfrühstücke, Landfrauentage oder Verbände luden mich zu ihren Veranstaltungen ein. Große Neujahrsempfänge, Handwerkerinnungen oder TV-Sendungen. „Wenn es klingelt, ist es der liebe Gott!", pflege ich zu sagen.

Durch die vielen Gespräche nach meinen Vorträgen hörte ich immer genau hin, was die Menschen gerade bewegte, was für sie dran war, und so entwickelte ich meine Bücher und Vorträge. Umso erstaunter war ich selbst, als ich den „Tod" in mein Repertoire aufnahm. Im Kloster lebte ich immer schon mit dem Bewusstsein, dass wir immer so leben sollten, als wenn es der letzte Tag wäre. Deshalb versuche ich auch, jeden Tag immer mein Bestes zu geben, jeden Tag auszuschöpfen. Gutes für andere, aber auch für mich selbst zu tun, war meine Lebensphilosophie. Mich schon auf den Tag zu freuen, wenn ich die Augen aufschlug, und mich von Gottes Überraschungen tragen zu lassen. Ich war gewiss, dass ER da wäre und ganz gleich, was mich erwarten würde, es wäre nur ein Problem, eine Herausforderung im großen Abenteuer des Lebens.

Aber welch gewaltigen Unterschied macht es, ob man vom allgemeinen Sterben redet oder vom eigenen. Wenn ein Virus es schafft, dass sich plötzlich die ganze Welt fast tagtäglich mit dem Tod auseinandersetzen muss und du selbst geliebte Freunde verlierst. Wenn dir eine bedrohliche Diagnose über Nacht den Boden wegzieht. Wenn du plötzlich einen Krieg vor der Haustüre hast und mitansehen musst, wie Menschen ermordet werden, und wenn es nicht mehr um Leben, sondern um das nackte Überleben geht.

Geht das überhaupt – lebe, lache, liebe – trotz Grenzen? Trotz Pandemie? Trotz Krankheit? Trotz Krieg und Schrecken? Oh JA! JA, jetzt erst recht!

Wir können und dürfen leben, ohne den Krieg, Krankheit, Sterben oder den Tod und alles Vergängliche zu ignorieren. Das Leben ist das größte Geschenk, das Gott uns gemacht hat. ER ist ein Liebhaber des Lebens und ER liebt jeden von uns am allermeisten. Wie tröstlich.

Deshalb: Jetzt erst recht noch intensiver und bewusster leben!

Tränen sind nicht nur erlaubt, sie vermindern den Stress, reinigen die Seele, schaffen Nähe und befreien. Sie sind notwendig, aber vor allem sind sie von Gott. Dafür muss man sich niemals schämen.

Und doch sind Lachen und Humor die beste Medizin, die Gott uns mitgegeben hat und die wir in den Glückshormonen selbst produzieren können.

Darum: Jetzt erst recht frei und gesund lachen!

Bei allen Enttäuschungen, die uns das Leben aufzwingt, allem Zweifeln und Verzweifeln, aller Ratlosigkeit und Ohnmacht ist die Liebe das Schönste, für das es sich zu leben lohnt!

Deswegen: Jetzt erst recht lieben. Weiterlieben.
In die Ewigkeit hineinlieben.

Darauf waren wir nicht vorbereitet.
Nicht vorgewarnt.
Nicht bereit.
Gott!

Aber Du hast auch nie gesagt,
dass „Christ sein" bedeutet, bewahrt zu sein
vor Schwierigkeiten und Herausforderungen,
vor Krankheit, Leid oder Tod.

Nein, Du hast uns keine heile Welt versprochen,
kein sorgen-, schmerz- oder angstfreies Leben.

Nur wir, wir sind so töricht gewesen,
nie darüber nachzudenken.
Als wenn das Leben endlos wäre.
Es uns nie treffen könnte.

Dabei hat Dein Sohn es uns vorgelebt.
Sein Leben in Deine Hand gegeben.
Dir restlos vertraut. Sich zu Tode geliebt.
ER hat uns erlöst. Ein für alle Mal. Basta!

Wir leben auf die vollkommene, göttliche Liebe zu.
Seine pure Liebe möge uns täglich lehren,
in lebensbejahender Zuversicht zu leben
und den Tod und das Loslassen nicht zu fürchten.

Was würden Sie gerne „Jetzt erst recht" tun?

....

....

....

....

....

....

....

....

....

....

2. Wenn eine Diagnose zur Grenzerfahrung wird

Wenn ein Mensch einer extrem hohen psychischen oder körperlichen Belastung ausgesetzt ist, wird von Grenzerfahrungen gesprochen. Wir alle kennen Grenzen. Wir leben innerhalb von Grenzen und mit Grenzen und sind einfach in vielem begrenzt. Wir lernen von klein auf oder nach Krankheiten, unsere körperlichen Grenzen in den Griff zu bekommen, müssen mit den wertvollsten Ressourcen unserer verfügbaren, aber begrenzten Lebenszeit umgehen lernen und versuchen, mit unseren emotionalen Grenzen unsere Gefühlswelt zu schützen. Wir leben innerhalb von ethischen und sozialen Grenzen und müssen mit unterschiedlichen materiellen Begrenzungen unser Leben meistern.

Ein wunderbares Wort „meistern". Ich habe dieses Wort neu schätzen gelernt. Im Grunde geht es darum, etwas zu bewältigen, zustande oder zuwege zu bringen, gebacken zu bekommen, zu schultern, zu packen oder – modern gesagt – zu „rocken".

Und da sprichwörtlich „noch kein Meister vom Himmel gefallen ist", so ist es auch überhaupt nicht schlimm, wenn wir das nicht so schnell oder so gut hinbekommen wie andere. Es ist unser Leben, unser Schicksal, es sind unsere Herausforderungen und unsere Grenzen. Das Leben ist eine lebenslange Schule, bis wir irgendwann an den Punkt gelangen, Lebenskünstler zu sein, unser Leben so zu bewerkstelligen, um stets das Beste aus jeder Situation zu machen. In allem Neuen, mit dem wir konfrontiert werden, sind wir eben Anfänger, bis wir mündig genug sind, mit vielen Erfahrungen bereichert, selbst ein Spezialist, ein Könner oder simpel gesagt, bravourös „erwachsen" zu werden. Voraussetzung ist nun mal eine gehörige Portion Selbstbewusstsein – was ja nichts anderes bedeutet, als „sich seiner Selbst bewusst zu sein". Um seine eigenen Stärken, aber auch um seine Schwächen oder Grenzen zu wissen. Aber wissen heißt noch lange nicht annehmen oder mit ihnen umgehen zu können. Ich durfte lernen, dass nicht unsere Grenzen das Problem sind, sondern das, was die Grenzen mit uns machen! Wer mit seinen Grenzen umgehen kann, kann eine Persönlichkeit werden, kreative Lösungen für alle Probleme finden und das Wichtigste: seelisch gesund bleiben. Selbst nach einer lebensbedrohlichen Diagnose.

Wenn eine Diagnose zur bittersten Grenzerfahrung deines Lebens wird

Als hätten wir nicht schon genug Probleme gehabt mit dem Coronavirus. Wir waren alle eingeschüchtert von den weltweit täglichen Todeszahlen und dem Lockdown 2020. Die Krankenhäuser waren voll von Covid-Patienten. Niemand wollte freiwillig zum Arzt, wenn er nicht unbedingt musste. Und so verdrängte ich, dass irgendetwas mit mir nicht stimmte. Nachdem die Corona-Zahlen im September sanken, ging ich doch zu meinem Hausarzt, denn ich spürte ein Ziehen im Bauch, und ein merkwürdiger Auslauf mit bräunlicher Farbe hatte mich doch sehr erschrecken lassen. Er überwies mich gleich zur Gynäkologin, die ein Myom feststellte. Ich wollte eine ehrliche Auskunft, ob etwas Ernsthaftes sein könnte, und sie war auch ganz ehrlich. Sie schickte mich sofort weiter zum Vorgespräch für eine Ausschabung in die Klinik.

Da saß ich nun und wartete. Wie bedrückend das alles hier aussah. Frauen saßen alleine mit viel Abstand und Masken vor den Türen und ein Licht leuchtete auf, wenn man an der Reihe war. Erst im Nachhinein wurde mir bewusst, dass man an ihrer Haltung sehen konnte, dass auch sie Schmerzen haben mussten.

Bis zu meinem 56. Lebensjahr war ich noch nie eine Patientin gewesen. Ich hatte höchstens mal einen leichten Schnupfen, einen vertretenen Fuß oder eine Kehlkopfentzündung durch die vielen Vorträge. Aber ich war noch nie stationär im Krankenhaus gewesen. Ich mied bis dahin konsequent Ärzte, einfach, weil ich keine brauchte, und es gab ja Dr. Google. Auch wenn ich meine Hausärzte sehr schätzte.

Es sollte eine „Ausschabung" gemacht werden – was für ein grässliches Wort, wie ich finde. Es bedeutet nichts anders, als das Abtragen der Gebärmutterschleimhaut mit einer Art „Löffel". Die Probe wird dann im Labor auf Auffälligkeiten untersucht. Es sollte an einem Vormittag unter Vollnarkose gemacht werden, aber ich könnte mittags schon nach Hause, hieß es. Gott sei Dank, dachte ich. Doch im Vorgespräch wurde mir mitgeteilt, dass ich so schnell keinen Termin bekommen würde. Es könnte 3–4 Wochen dauern. Durch Corona gäbe es eine lange Warteschlange, weil es bei mir ja „nur" um eine Ausschabung ginge. Ernsthaftere Operationen würden den Vorzug bekommen.

„Aber ich habe Schmerzen", sagte ich zaghaft – und weil meine Gynäkologin es ja dringend gemacht hatte. Ja, es täte ihnen leid, aber so wäre das. Warum mir in diesem Moment einfiel, dass ich ja eine Zusatzversicherung hatte, kann ich niemandem erklären. Ich hatte sie noch nie gebraucht, sie schlummerte tief in meinem Geldbeutel mit den anderen Karten. Es muss ein Stupser Gottes gewesen sein, dieser eine GEDANKE. Ich zog meine Karte heraus, wo draufstand, dass ich „Anspruch auf ein Zweibettzimmer hätte und mir ein Chefarzt für eine OP" zustand. Die Ärztin änderte sofort die Tonlage, schaute sich meine Karte an, ging kurz aus dem Raum und als sie wiederkam, war plötzlich drei Tag später ein freier Termin für mich aufgetaucht. Ich müsste aber heute dableiben und alle Untersuchungen über mich ergehen lassen. „Natürlich", sagte ich verwundert.

Zum Glück war meine Mitschwester vor der Tür und Pfarrer Franz wartete im Auto. Ich müsste nur Bescheid geben. Schwester Claudia musste in die Schule, aber ich würde anrufen, wenn ich fertig wäre. Pfarrer Franz wollte noch etwas warten, bis sicher war, dass ich niemanden brauchte. Sie wollten mir noch etwas zu essen besorgen, aber mir war nicht nach Essen zumute. Wasserspender gab es zum Glück reichlich. Aber das ganze Prozedere sollte ein paar Stunden dauern.

Ich sollte draußen warten, bis ich zum Blutabnehmen geholt würde. Da saß ich nun und starrte auf meine Karte. Dann wurde es mir erst bewusst.

Wer weiß, wann ich ohne sie an die Reihe gekommen wäre? Ich saß da und weinte. Was, wenn ich diese Karte nicht gehabt hätte? Ich sah mich um. Was ist mit all denen, die keine solche Karte hatten? Würde ich heute überhaupt noch leben? Bald schon würde ich erfahren müssen, dass ich einen schnell wachsenden, bösartigen Tumor in der Gebärmutter hätte und wenig Aussicht auf Überleben. Was wäre dann vier Wochen später gewesen?

Während ich das schreibe, empfinde ich noch meine Traurigkeit, eine Wut, ein Gefühl der Ungerechtigkeit, eine Vorahnung, was „ausgeliefert sein" bedeuten kann, das damals in mir hochkam.

Das war nur der Beginn der bittersten Grenzerfahrung meines Lebens. Die nächsten Stunden war ich im wahrsten Sinne dem System ausgeliefert. Schon das Blutabnehmen war eine Tortur. Die Schwestern nahmen meine besorgten

Bedenken, dass es an dieser Hand und auf dieser Seite bei mir nicht gehen würde, nicht ernst. Das Ergebnis war eine mit Blutergüssen übersäte Hand und ich wurde durchgereicht, bis die zuständige „Chefin" es an der anderen Hand versuchte. Ich war wohl so weiß wie mein Mundschutz, so dass sie mich fragte, ob es mir nicht gut gehen würde. „Nein, es geht mir nicht gut. Warum geht man auf den Einwand einer Patientin nicht ein?", fragte ich zurück. Die Vorahnung wurde eine Stunde später zur Gewissheit.

„Du bist hier nur eine Nummer."

Nun sollte ich zum EKG und auch ein Gespräch mit dem Narkosearzt stand auf dem Programm. „Okay, wo muss ich denn hin?", fragte ich. Man teilte mir mit, ich müsste in ein anderes Gebäude über einen Hof und ganz durchlaufen. Als ich fragte, wie weit das sei, bekam ich einen Schrecken. „Tut mir leid, so weit kann ich nicht zu Fuß gehen!" Nicht nur, dass es über 2 km waren. Ich hatte Schmerzen und dazu diesen schrecklichen Auslauf und mir war total schwindelig. Dazu kam die für mich ungewohnte Mundschutzmaske, wo ich ohnehin schon so wenig Luft bekam.

Einen Rollstuhl gab es für mich auch nicht. Hätten sie mir nur gesagt, dass man mit dem Auto außen rum an das andere Gebäude in den Hof hinfahren hätte können, hätte man mir die folgende Tortur ersparen können. Eine Schwester erbarmte sich meiner, nahm meine Arztmappe und wollte mich begleiten. Sie merkte schnell, wie schlecht ich beisammen war. Schon nach ein paar Metern musste ich mich setzen und die nächste Toilette aufsuchen. Bis zum Hof schaffte ich es, aber als wir im anderen Gebäude waren und ich den endlos langen Flur sah, kamen mir die Tränen. Kein Stuhl, nur ein paar Hundert Meter Flur. Der Schweiß rann mir in die Augen. Da war ein Zimmer, das als eine Art Kapelle diente. Ich betete: „Guter Gott, hilf mir!"

Die nette Schwester nahm einen Stuhl und trug ihn neben mir her, bis ich mich wieder setzen musste. „Danke Gott für diesen Engel!" Aber wie erniedrigend war das. Ärzte und Personal gingen an uns vorbei. Was war das für ein merkwürdiges Paar, das wir darboten? Wenn ich das jemandem erzählen würde, das würde mir keiner glauben. Der Schwester war das jetzt sehr peinlich, sie meinte, sicher hätte es eine Lösung gegeben, der Arzt hätte auch rüberkommen können, wenn man ihn angefragt hätte. Ich versprach ihr: „Wenn ich wieder mal in einer Quizshow gewinne, wie damals bei Jörg Pilawa, werde ich der Uniklinik einen großen Rollstuhl spendieren."

Als wir am Ende des Flures ankamen, waren wir immer noch nicht am Ziel. Ich starrte auf die Eingangstür zu einem Hof, auf dem Autos standen. Ich konnte es nicht fassen. Heute noch ärgert sich Pfarrer Franz darüber. Er wartete im Auto und es wäre einfach gewesen, mich hierher zu fahren.

Es waren von hier aus noch ein paar Meter bis zum Aufzug, aber kein Vergleich mit dem Weg, den ich dank der Schwester mit „Stop and Go" geschafft hatte.

Eine Stunde wartete ich völlig durchgeschwitzt und traurig vor dem EKG und hatte meinen Mundschutz mittlerweile vollgeweint. Leider gab es hier keinen Handyempfang und ich konnte niemandem Bescheid geben, wo ich mich befand oder wie lange es dauern würde. Aber mir ging es nicht alleine so. Eine ältere Dame schien auch den Tränen nahe. Sie sollte um 7 Uhr in die Klinik kommen und jetzt, drei Stunden später, war sie noch nicht dran und konnte ihren Mann nicht erreichen, der im Auto auf sie wartete. Ich klopfte an die erstbeste Tür und bat, man möge ihren Mann verständigen.

Als ich das EKG hinter mir hatte, konnte ich wenigstens das nasse Unterhemd wechseln. Man sagte mir, dass mit meinem

EKG alles bestens sei. Das EKG vielleicht, aber sonst war gar nichts in Ordnung, dachte ich.

Der Narkosearzt versicherte mir, dass ich nicht viel falsch gemacht haben konnte im Leben. Ich hatte mein ganzes Leben nie Medikamente genommen, nie eine Krankheit gehabt und meine Blutwerte seien top. Übermorgen könnte ich zur Ausschabung kommen. Ich lief raus zum Hof und telefonierte, dass meine Liebsten mich bitte heimholen, und erklärte ihnen, wo sie mich finden konnten.

Zwei Tage später waren meine Mutter, die inzwischen angereist war, und ich wieder in der Klinik. Bevor wir auf die Station gingen, musste ich im Erdgeschoss auf die Toilette, aber ich erstarrte. Das darf doch nicht wahr sein. Da standen Rollstühle in allen Größen geparkt. Wir schüttelten nur den Kopf.

Am Eingang zur Station mussten wir uns verabschieden. Ich wurde in ein Zimmer mit drei weiteren Patientinnen gebracht. Nach dem Blutdruckmessen sollte ich das OP-Hemd anziehen. „Aber ich laufe aus!", sagte ich und entschuldigte mich. Man legte einen Bettschutz unter mich und die Schwestern kamen, um mich im Intimbereich zu rasieren. Sorry, aber als Ordensschwester hatte ich sowas noch nie erlebt. Das sagte ich ihnen. Ohne mich vorzuwarnen, rasierte mich die eine der Schwestern und benutzte dabei nicht mal einen Schaum. Ich schrie mehrmals auf und konnte die nächste Stunde kein Wort rausbringen. Das war so entwürdigend. Die Stationsschwester, die nun kam, war auffallend freundlich und erkundigte sich nach mir. „Kenne ich Sie nicht von irgendwo her?" Ich versuchte zu lächeln, aber es fiel mir schwer. Sie erklärte mir, wie es jetzt weitergehen würde.

Ich zog meinen Schleier aus, wurde in den OP gefahren und die erste Narkose meines Lebens stand mir bevor. Wie freute ich mich, als ich die Augen aufschlug und eine große Uhr vor mir im Aufwachraum sah. Es war erst eine Stunde vergangen. Die Ausschabung hatte also nicht lange gedauert. „Ich lebe noch!", freute ich mich und lachte den Krankenpfleger an. „So war das geplant", schmunzelte er.

Die Stationsschwester holte mich persönlich ab. „Ich hab Sie inzwischen gegoogelt. Sie sind ja richtig berühmt!", meinte sie. Aber bevor wir bis zum Aufzug kamen, musste ich mich übergeben. Ich entschuldigte mich und kotzte weiter, bis ich im Zimmer war. Tja, mein Körper vertrug die Narkose wohl nicht. Zwei Schwestern halfen mir sofort und ich wurde frisch gebettet. Nach einer Stunde durfte mich meine Mutter besuchen und nach einer weiteren Stunde bekam ich schon etwas Tee runter. Gegen 12 Uhr durfte ich wieder nach Hause. Eine Ärztin kam und meinte, ich hätte eine Entzündung in der Gebärmutter. Ich bekam Antibiotika für fünf Tage und sollte in zehn Tagen zum diagnostischen Gespräch kommen. Bis dahin wäre die Gewebeprobe untersucht. Sie können leider nicht eindeutig sagen, was nicht stimmen würde.

Ich war nur froh, die Klinik zu verlassen. So glücklich. Erst als ich Stunden später oberflächliche Schmerzen hatte, kam die Erinnerung zurück. Durch die Narkose hatte ich die grobe Rasur völlig verdrängt. Ich rief auf der Station an und war fähig zu sagen, was ich früh erlebt hatte. Man bot mir an, ich könnte noch mal kommen und sie würden es sich anschauen. Aber nein – heute sehen sie mich bestimmt nicht mehr!

Ein paar Tage später ging es mir besser, die oberflächlichen Wunden waren verheilt. Ich hatte vorsichtshalber Schmerzmittel mitbekommen. Und die Sache mit der Gebärmutter? Vielleicht war es ja einfach nur eine Entzündung. Das Myom war entfernt worden, der Ausfluss schien weg zu sein, die Antibiotika würden bald wirken und der ganze Spuk wäre vorbei. Mein guter Gott hatte doch schon immer auf mich aufgepasst. Dennoch erschienen mir die zehn Tage Wartezeit wie eine Ewigkeit.

Nach zehn Tagen, pünktlich am Montagmorgen, begleitete mich meine liebe Freundin Manuela zum diagnostischen Gespräch. Schwester Claudia hatte Schule und Pfarrer Franz saß wieder draußen im Auto und betete, es möge nichts Ernsthaftes sein. Wir waren pünktlich da gewesen und wieder saß ich vor den unsympathischen Kabinen und wartete, bis meine Nummer angezeigt wurde. Nach einer Stunde fragten wir nach. Sie warteten auf einen Arzt, der mir alles erklären würde. Was erklären?

Wir beteten. Nach zwei Stunden wurden wir ungeduldig. Schauten uns immer wieder an, weil Patientinnen, die viel später gekommen waren, aufgerufen wurden. Ich rutschte hin und her auf meinem Stuhl. Die Schmerzen waren nicht verschwunden. Es zog überall in meinem Unterbauch. Wie viele Frauen und Männer haben diese Warterei schon durchstehen müssen? Mein Gott, wie lange dauerte das noch?

Nach zweieinhalb Stunden – den wohl längsten Minuten meines Lebens – durften wir endlich in einen der engen Besprechungsräume. Die Türen zu den anderen Untersuchungszimmern waren offen. Ständig gingen Schwestern rein und raus. Dann kam ein junger Arzt und nun sollte ich endlich erfahren, was los war. „Sollen wir die Türen nicht schließen?", fragte ich nach. „Nicht nötig", meinte er. Leider sei das Ergebnis noch nicht da, es würde aber nicht gut aussehen. Sie müssten eine weitere Biopsie abwarten. Ich könnte wieder nach Hause fahren. Er würde mich am Mittwoch anrufen und mir nach der Tumorkonferenz telefonisch das Ergebnis mitteilen. „Rufen Sie wirklich am Mittwoch an?", fragte ich nach. Er versicherte es mir! Nach fünf Minuten standen wir wieder im Wartezimmer. Ich wusste ja damals nicht einmal, was eine Tumorkonferenz ist.

„Es würde nicht gut aussehen" –, diese Worte gingen mir immer wieder durch den Kopf. Was würde nicht gut aussehen? So schickt man doch keinen Menschen nach Hause.

Stunden später tröstete ich mich selbst und sagte zu Pfarrer Franz: „Was es auch sei, ich weiß, dass Gott uns nicht im Stich lässt. Und wenn es doch was Schlimmes ist, warum ich nicht? Was privilegiert mich, so etwas nicht zu bekommen?" Nein, ich werde mich nicht verrückt machen. Am Mittwoch wissen wir Bescheid. Das Handy hatte ich immer in Griffweite.

Aber am Mittwoch kam kein Anruf. Was zählt schon ein Wort? So schnell gesagt, aber wenn es nicht eingehalten wird? Was löst das Warten auf eine vielleicht niederschmetternde Diagnose alles aus!

Am Donnerstag kam auch kein Anruf! Unfassbar.

Gegen zehn Uhr früh am Freitag klingelte mein Handy. Die Klinik. Den Namen der Ärztin habe ich nicht verstanden. Alle im Haus wussten, was das für ein Anruf war. Die Stimme am anderen Ende sprach gebrochen Deutsch. Ich konnte sie kaum verstehen. „Sie haben einen bösartigen, schnell wachsenden Tumor in der Gebärmutter. Es sieht nicht gut aus." Das kam mir bekannt vor. „Und was heißt das?", fragte ich nach. „Wir werden Sie operieren und aufschneiden und dann alles rausmachen, wie z. B. die Milz." Hatte sie Milz gesagt? „Was?", platze ich raus. „Wieso die Milz? Ich dachte, es wäre in der Gebärmutter?" „Wir schauen halt, was alles betroffen ist, und dann wird es weggeschnitten." Leider konnte ich danach nichts mehr verstehen. „Muss ich sterben?", fragte ich erschüttert. Stille auf der anderen Seite. Ich bekam einen solchen Weinanfall und schluchzte so laut, dass alle im Haus herbeigesprungen kamen. Das Telefon hatte ich weggelegt.

Alle schauten mich entsetzt an. „Ich werde sterben", schluchzte ich und mein Körper bebte. Nichts anderes hatte ich verstanden. Aber kaum hatte ich das gesagt, erstarrte ich, wischte mir mit dem Ärmel die Tränen weg und fing an zu lachen. „Das war ja filmreif. Nein, das glaube ich nicht. Gott hat das letzte Wort!", strahlte ich alle an. Dann griff ich wieder zum Telefon. „Vielleicht kommen Sie lieber doch nochmal in die Klinik, und jemand erklärt es Ihnen nochmal in Ruhe", hörte ich die nun auch betroffen klingende Ärztin sagen. Schön, wer auch immer am anderen Ende der Leitung war, hatte wohl verstanden, dass man einem Menschen eine solche Krebsdiagnose am Telefon so nicht zumutet.

Drei Tage später saßen nun Pfarrer Franz und ich vor einer weiteren unbekannten Ärztin mit einem Dauerlächeln in der Besprechungskabine. Detailliert erklärte sie uns mit allen möglichen Fachausdrücken, die wir nicht verstanden, was sie alles aus mir rausschneiden würden. Lächelnd versuchte sie, mir mitzuteilen, dass man auch ganz gut ohne Milz oder andere Organe weiterleben könnte. Um was für eine Art von Tumor es sich in meiner Gebärmutter handelte, wusste sie aber nicht. „Das schauen sie sich bei der OP an!" „Und wie geht es weiter, wenn ich die Operation überleben sollte?", fragte ich eingeschüchtert. Das würden sie dann entscheiden. Wer „sie" waren, erklärte sie mir auch nicht.

Ich dachte, es gäbe noch andere Therapiemöglichkeiten, wie zum Beispiel eine Chemotherapie oder Bestrahlungen. Davon wurde mir nichts gesagt. „Gehen sie davon aus, dass ich die Operation vielleicht nicht überlebe?", schoss es mir durch den Kopf. Die Ärztin sagte, ich würde einen Anruf von der Sekretärin des Chefarztes bekommen, der würde mir ja zustehen. Außerdem würde mich ein Oberarzt operieren. Ich müsste mich nur entscheiden, wen ich haben will.

Entscheiden? Anscheinend war schon alles entschieden, ohne dass ich Zeit gehabt hatte, überhaupt zu begreifen, was da mit mir geschehen sollte.

**Checkliste für das Gespräch
zur Übermittlung einer schlechten Nachricht
(für den Empfänger)**

- Kann ich mich auf das Gespräch vorbereiten?

- Kann ich den Zeitpunkt mitbestimmen?

- Möchte ich, dass eine Vertrauensperson dabei ist?
  Wer sollte dabei sein, wenn es eine gute Nachricht
  wird, wer, wenn es eine schlechte Nachricht wird?

- Wie kann ich alle Informationen, die mir mitgeteilt
  werden, erfassen?

- Fragen Sie nach oder bitten Sie Ihre Vertrauensperson, Notizen zu machen. (Grundsätzlich werden aber im Gespräch zu schlechten Nachrichten
  eher zu viele als zu wenige Informationen gegeben,
  in Folgegesprächen können weitere Informationen
  eingeholt werden.)

- Fordern Sie Pausen ein und versuchen Sie selbst,
  Ihre Emotionen und Gedanken auszudrücken!
  Nehmen Sie sich alle Zeit, die Sie brauchen, um
  sich zu orientieren, um dem weiteren Gespräch folgen zu können; ist Ihnen alles zu viel, sagen Sie es
  und bitten Sie um eine kleine Auszeit.

- Konzentrieren Sie sich auf die Kernbotschaft der schlechten Nachricht.

- Was ist die Kernbotschaft? Habe ich sie verstanden?

- Bitten Sie den Überbringer der schlechten Botschaft abschließend, ein Fazit zu formulieren.

- Wie kann mir jetzt geholfen werden? Was könnten die nächsten praktischen Schritte sein? Wer kann mich dabei unterstützen? Wer kann meine Trauer und Unsicherheit begleiten? Bei wem kann ich heute bleiben? Wie komme ich jetzt nach Hause? Was hat mir sonst im Leben im Umgang mit schlechten Nachrichten geholfen?

- Wie kann ich meine Rolle und mein Wirken beim Umgang mit schlechten Nachrichten reflektieren?

- Wer hilft mir dabei, ohne der betroffenen Person das Gefühl zu vermitteln, eine „zusätzliche Last" zu sein?

© Prof. Dr. Jalid Sehouli 2022

Das letzte Wort hat der liebe Gott

Die nächsten Tage glichen für mich der Fahrt einer Anfängerin auf einem Surfbrett auf einer Monsterwelle. Nicht auf meinem bekannten Skateboard, das hatte ich im Griff. Ich war mir sicher: Diesen Ritt auf der Monsterwelle konnte ich gar nicht überleben. Meine Gefühlswelt war völlig durcheinandergeraten. Zum Glück hatte ich die Schmerztropfen. So war es einigermaßen auszuhalten. Mein guter Franz saß neben mir und hielt mir so oft die Hand, wenn ich traurig wurde, mehr brauchte ich nicht. Nähe, einfach Nähe, vom dem wunderbarsten Menschen, den Gott mir geschenkt hatte: Pfarrer Franz. Seine ruhige, besonnene, liebenswerte Art. Mein Bodyguard, mein Beichtvater, mein treuer Begleiter. Mein größter und mildester Kritiker und größter Fan. Gott hatte uns zusammengeführt. Wir haben so viel Wundervolles im Dienst für Gott tun können. Auch das werden wir gemeinsam überstehen.

Meine nette Gynäkologin Dr. Doris Ebert rief mich an. Ihr konnte ich meine wichtigsten Fragen stellen. Irgendwann verstand ich: „Ich bin also ernsthaft erkrankt?"

„Ja", sagte sie.

Alle in meiner wunderbaren Gemeinschaft umsorgten mich, so gut sie es vermochten. Am Samstagnachmittag lag ich gedankenübersät auf dem Sofa im Wohnzimmer, eingepackt mit einer warmen Wolldecke. Wem sollte ich als Erstes Bescheid geben? Plötzlich war ich selbst die Überbringerin einer schlechten Nachricht. Was sagt man und wem sagt man es zuerst: „Ich habe einen Tumor und es ist nicht klar, ob ich überlebe."? Wie eine Welle kroch die Angst in meine Seele. Ich weinte so sehr, dass ich keine Luft bekam. War das die gefürchtete Todesangst? So fühlt es sich also an, dachte ich. Oder war es die Angst vor der Angst? Nie war ich krank gewesen, und nun die geballte Ladung: Krebs. Und so glaubte ich völlig unwissend an das schlimmste unauslöschliche Vorurteil unserer Gesellschaft: Krebs ist ein Todesurteil.

Was ist das Schlimmste an diesem Gedanken? Was ist eigentlich das Schlimmste daran, wenn man sterben muss? Alle müssen irgendwann sterben. Das ist die natürlichste Sache der Welt. Doch der Schmerz dieses Gedankens bohrte sich wie ein Messer in mein Herz. Jetzt wusste ich es: Das Schlimmste am Sterben ist doch nur, die Liebsten zu verlieren oder sie verlassen zu müssen. Wie Schuppen fiel es mir von den Augen. Nur das ist diese Todesangst, dachte ich. Ich weiß doch, wo ich hingehe: zu meinem geliebten Gott. Aber das Loslassen ist so brutal.

Hatte ich nicht ein wundervolles Leben bis jetzt? Hatte Gott mich nicht mit Gnade überschüttet? Durfte ich nicht unglaublich viel aufregend Schönes tun bis jetzt?

War ich nicht mein ganzes Leben auf einer Erfolgswelle gesurft? Aber unter Erfolg verstehen die meisten ja öffentliche Anerkennung. Ja, für manche hatte ich das: Kulturpreis, Bundesverdienstorden, gefragte Rednerin, Buchautorin, Eintrag bei Wikipedia ... Doch dieses Denken hatte ich nach meinem Sport abgelegt. Für mich war Erfolg dieser unglaubliche Friede, den ich seit meiner Bekehrung hatte. Alles, was ich vollbracht hatte, habe ich nur aus seiner Gnade vollbracht. Gottes Frieden und Gottes Gegenwart zu spüren, das war mein tägliches, liebliches, lebensbejahendes Geschenk von ihm. Warum jetzt traurig sein? Jetzt, wo mal was Schlimmes kommt? Jetzt, wo ich Gott am meisten brauchte im Leben? Jetzt werde ich doch nicht plötzlich zweifeln? Im Gegenteil. Jetzt wird sich zeigen, ob das alles wahr ist, was ich je gedacht, gefühlt, geglaubt und wovon ich anderen erzählt hatte. Warum ich nicht? Ich erinnerte mich an mein Buch „Lebe, lache, liebe ...". Ja, da hatte ich doch sogar mein Testament niedergeschrieben. Auf einmal war er wieder da. Dieser keimende kleine Lichtblick, der Schlitz in der Mauer, die sich vor mir aufgebaut hatte. Und wieder ein Stups eines Gedankens.

Aber dieser eine Gedanke würde mein Leben retten.

Nur ahnte ich nicht, wie abenteuerlich es werden würde. Wieso dachte ich plötzlich an Heidi? Dr. Heidi Massinger-Biebl. Eine Ärztin, Facebook-Freundin, bei der ich einen Vortrag gehalten hatte. Sie hatte mich in liebenswerter Weise bekniet, zwischen Weihnachten und Silvester zuzusagen, bei ihrem 50. Geburtstag einen Vortrag zu halten. Drei Jahre war das her. Ich schaute in meinem Handy auf ihre Facebook-Seite. Da stand Gynäkologin. Was? Das wusste ich ja gar nicht. Hatte nie nachgefragt. Ich schrieb sie an, dass ich eine schlimme Diagnose bekommen habe, und sie rief mich sofort zurück. „Erinnerst du dich, als du von der Bühne kamst nach deinem Vortrag bei meinem Geburtstag? Da hatte ich dir den Arzt vorgestellt", sagte sie mir. „Ja schon, aber ich wusste nicht mehr genau, wer das sein soll, bin ja dann gleich weg." Nun zog es mir den Boden weg bei dem, was sie mir erzählte. Ich konnte es nicht fassen: Dieser Arzt war der renommierteste Krebsspezialist der Welt. Dr. Jalid Sehouli. Direktor der Charité in Berlin und Chef der Gynäkologie. Und als ich mich von ihm verabschiedet hatte, hätte er zu Dr. Heidi gesagt: „Sag der Schwester Teresa, wenn man so stark ist als Klosterfrau, kein Kind geboren hat, könnte es sein, dass mal was in der Gebärmutter ist." Dr. Heidi weigerte sich, mir eine solche Prognose zu sagen, so was sagt man doch keinem Menschen. Jetzt aber reagierte sie sofort. Sie würde den renommierten Arzt kontaktieren. Noch ist nichts verloren.

Ich war fassungslos. Hatte Gott hier eine Tür geöffnet?

Am nächsten Tag klingelte mein Handy. Es war die Chefsekretärin, die mit mir den OP-Termin festlegen wollte. Aber nein, dachte ich. Ich will erst auf den Berliner Arzt warten.

„Ich kann mich noch nicht festlegen", sagte ich.

Die Stimme wurde drohender: „Aber wenn Sie warten, dann kann ich nicht garantieren, dass Sie so schnell einen Termin beim Chefarzt bekommen."

„Es geht um mein Leben", erwiderte ich. „Warum bedrängen Sie mich so? Geben Sie mir noch etwas Zeit!"

„Bis morgen warte ich, aber nur noch bis morgen", sagte die Stimme am anderen Ende. Wieder weinte ich. Aber lange musste ich nicht warten.

Dr. Jalid Sehouli aus der Charité rief tatsächlich an. „Schwester Teresa, ich bin dein Freund." Ich konnte es nicht fassen. So eine freundliche, einfühlsame Stimme. Er hatte inzwischen meinen Arztbrief gelesen. Ich schilderte ihm alles, auch dass ich genötigt wurde, mich auf den OP-Termin festzulegen. Er erklärte, dass man weder wusste, um was für einen Tumor es sich bei mir handelte, noch, wo er genau saß. Es war bisher weder ein CT noch ein PTCT gemacht worden.

Am nächsten Tag rief die Sekretärin der Klinik wieder an. Auf meine Rückfragen, die ich stellen sollte, bekam ich keine Antworten. Dann hatte ich mich entschieden: „Stoppen Sie den OP-Termin! Ich möchte eine zweite Meinung. So lasse ich nicht mit mir umgehen!" Als ich sagte, ich würde zu Dr. Sehouli nach Berlin gehen, hatte ich plötzlich eine sehr freundliche Zuhörerin. „Natürlich. Das steht Ihnen zu", antwortete sie.

Ein paar Tage später holte mich Dr. Sehouli nach Berlin. Ich wurde eine Woche lang auf Herz und Nieren durchgecheckt. Die Untersuchungen sahen mehr als positiv aus. Nichts wurde ausgelassen. Es fiel mir gar nicht so leicht, eine Stunde bewegungslos liegen zu bleiben, damit sich das Kontrastmittel überall verteilen konnte. Aber es hatte sich gelohnt. Es waren keine Metastasen nachweisbar.

Am letzten Tag wurden von Prof. Dr. Sehouli nochmal

die Blase und der Darm unter Narkose gecheckt, damit wir ganz sicher sein konnten. Es sah sehr gut aus. Meine wundervolle Zimmergenossin Maike, die, frisch operiert, das gleiche Schicksal ereilt hatte, wurde mir eine unglaublich gute Freundin, die mich unterstützte. An ihr konnte ich sehen, was mir alles noch bevorstand. Ich wurde nach Hause geschickt, um mich eine Woche zu erholen und zu trainieren. Vor allem Luftballons aufblasen. Schon die ganze Woche tat ich das, um die Lunge zu trainieren. Meine Operation würde ja einige Stunden dauern. Wie glücklich waren wir, dass der Krebs noch nicht gestreut hatte und alles doch so gut aussah. Wir feierten einen Dankgottesdienst.

Ich hatte weitere Schmerztropfen erhalten und diese Woche wollte ich einfach mit Mama und meiner Gemeinschaft und Freunden beisammen sein.

Unaussprechliche Schmerzen – wenn der Tumor geweckt wird.

Einen Tag später jedoch wendete sich das Blatt. Wahrscheinlich war durch die letzte Untersuchung der Tumor „geweckt" worden. Es begann mit Schmerzattacken, die ich anfangs mit den Tabletten gut in den Griff bekam. Aber zwei Tage später half gar nichts mehr. Die Schmerzen wurden so heftig, dass ich die liebe Dr. Heidi kontaktierte und sie sofort mit meinem Hausarzt besprach, was ich bekommen könnte. Schließlich musste ich ja noch die sieben Tage bis zur OP überstehen. Mama, Pfarrer Franz oder Schwester Claudia hielten mich manchmal fest in solchen Momenten. Ich weinte und schluchzte. Wenn der Schmerz nur ein wenig nachließ, konnte ich ein wenig lächeln.

Ich hielt die Dosierung genau ein, um nicht wieder von

einer heftigen Attacke überrascht zu werden. Aber am nächsten Tag wurden die Schmerzen unerträglich. Das ist also dieses bösartige, schnell wachsende Ungeheuer in mir. Jetzt zeigte es mir die Zähne und biss zu. Der Schmerz war so furchtbar, und es war unmöglich, sich diesem Kampf stellen zu können. Mein Gegner war unfair, heimtückisch, unfassbar erbarmungslos. Wenn er loslegte, schluchzte ich und am Ende schrie ich: „Holt mir bitte einen Notarzt." Ich sah erbärmlich aus, tränenüberströmt und hätte nie und nimmer geglaubt, dass man so was aushalten konnte. Die Angst vor der Angst wurde konkret, sie war kein Gedankengebilde, kein Reinsteigern in Befürchtungen. Sie war pure REALITÄT. Der Schmerz zerriss die Seele.

Aber es sollte noch schlimmer werden. Genau in diesen Tagen erfuhren wir auch, dass unser guter Pfarrer Franz an einer Blutarmut – einer Leukämie erkrankt wäre. „NEIN", betete ich, „das darf nicht wahr sein." „Okay Gott, dann opfere ich dir meine Schmerzen. Lass ihn leben. Nein Gott, ohne ihn wollte ich auch nicht überleben. Dann nimm mich." Ich wusste, dass Pfarrer Franz das Gleiche betete. Ich wollte nur von diesen Schmerzen befreit werden. Egal wie. Aber wenn es um einen Menschen geht, den du liebst? Er war mir Vater, Freund, Bruder, manchmal Mutter, immer Bodyguard. In so einem Moment kannst du über dich hinauswachsen und bist bereit, dein Leben herzugeben. Du kannst den anderen einfach nicht leiden sehen, ohne dass es dich zerreißt.

Wenn ich an meinem Bett das lieb gewonnene Kreuz von Jesus sah, dann hatte ich zum ersten Mal eine wirkliche Ahnung davon, welche Schmerzen der Herr für meine Sünden auf sich genommen hatte. Ich war nichts. Nur ein tapferer Feigling und meist nicht mal das.

Ich schickte Dr. Sehouli ein Foto von mir. Ich war völlig

entstellt. Keine strahlende, mutige Schwester Teresa mehr. Stattdessen ein zusammengekauertes, entsetztes, schmerzverzerrtes Menschlein. Dr. Sehouli erschrak und rief mich sofort zurück nach Berlin. Wir brachen zwei Stunden später auf, nachdem wir noch stärkere Medikamente vom Hausarzt abgeholt hatten, um die vierstündige Autofahrt zu überstehen. Der OP-Termin wurde Dank sei Gott von Dr. Sehouli vorverlegt. Ich wurde fünf Tage mit Medikamenten vollgestopft und war dankbar um jede Minute, wo ich nur ansatzweise Erleichterung bekam.

Zum Glück hatte ich gebeichtet, mein Testament daheim schon Tage vorher geschrieben und Pfarrer Franz durfte mir täglich die Kommunion bringen. Ich brauche Jesus. IHN brauche ich.

Die Anteilnahme, die ich über die sozialen Medien erhielt, war überwältigend. Aber das Tippen fiel mir schwer. Dennoch gab es jeden Morgen und Abend meine Ermutigungstexte. So viele konnten nicht fassen, dass ich das erleiden musste. „Du hast doch nur Gutes getan", schrieben sie.

Ich erklärte meiner Community, dass das keine Strafe von Gott sei und ER mich nicht verlassen hat. Nicht eine Sekunde glaubte ich das. Nein! Der Tumor wurde entdeckt, weil Gott mich retten will. Nichts anders konnte ich von meinem guten Gott denken. ER hat etwas vor damit. Trotz der Höllenschmerzen war ich mir in diesem Punkt wie nichts im Leben sicher. Ich diskutierte auch mit den Ärzten, die mir Psychopharmaka geben wollten. Als ich las, was sie für Nebenwirkungen hatten, weigerte ich mich, sie zu nehmen. Ja, ich war fast am Durchdrehen vor jeder Schmerzattacke und wimmerte. Ist das nicht menschlich? Die Angst vor den Schmerzen war brutal. An einem Morgen wachte ich auf und war wie benebelt. Hatten sie mir doch eine gegeben? Ich schaute mir alle

Tabletten genau an und diese eine nahm ich dann nicht mehr. Sorry mündige Patientin.

Für meine Psyche hatte ich meinen Glauben und die Gebete von Pfarrer Franz. Die ganze Nacht chatteten wir und er betete für mich, las mir aus den Psalmen vor, erinnerte mich an schöne Begebenheiten unseres Lebens. Mama und er hatten auch durch die Unterstützung von Dr. Sehouli in einem nahegelegenen Hotel Zimmer bekommen. Es war Pandemie und man bekam nur ein Zimmer, wenn man geschäftlich zu tun hatte. Das galt für Berlin wie für alle anderen Städte.

Ach ja, da war ja noch etwas. Genau: Pandemie, Corona. Als hätten wir nicht schon genug Probleme gehabt. Schon vor der Untersuchungswoche war es fast aussichtslos gewesen, ein Hotelzimmer zu bekommen. Wir dachten schon daran, die beiden bei einer Freundin unterzubringen, aber das wäre weit weg am anderen Ende der Stadt gewesen. Und auch in Berlin beobachtete die Bevölkerung die Nachbarn genau. Wenn Menschen, die da nicht hingehören, plötzlich in einer Wohnung ein- und ausgingen, wurde die Polizei benachrichtigt. „Ja, die Polizei! Das wäre die Lösung!"

Ich rief damals einfach bei der Polizei an. Ein sehr freundlicher Polizeibeamter mit Berliner Akzent war am anderen Ende. Ich schilderte ihm die Situation. Es ginge doch um Leben und Tod und wir sind vierhundert Kilometer von zu Hause weg. Es muss doch möglich sein, für einen Angehörigen ein Zimmer zu bekommen. Er war so betroffen und versprach, mich zu unterstützen. Ich sollte unbedingt das Ordnungsamt anrufen, da ließe sich sicher etwas machen.

Dank sei Gott konnten sie dann doch in meiner Nähe übernachten, auch dank eines Briefes meines lieben Doktors. Der Fußweg zu mir dauerte 15 Minuten.

Hatte ich nun alles erledigt, was zu erledigen war? Mit wem

müsste ich mich noch versöhnen? Bei wem mich entschuldigen? Was war noch zu regeln? Wie viel Zeit blieb mir noch? Vier Tage waren es noch bis zur geplanten OP. An den Vormittagen gaben sich Ärzte und Schwestern die Türklinke in die Hand. Besprechungen, Aufklärungen, Schmerzkatheter, Narkosevorbereitung.

Immer musste ich dann alles unterschreiben. Ich überflog die Blätter. Besser, ich lese nicht, was alles schiefgehen könnte. Ich hatte doch sowieso keine Wahl! Es gab nur diese Operation, wenn ich überhaupt eine Chance haben wollte zu überleben. Die entsetzlichen Schmerzen loszuwerden.

Wie tröstlich war es, wenn Pfarrer Franz kam und mir die Kommunion bringen durfte. „Jesus. Du bist meine Rettung. Mein Arzt. Meine Hoffnung. Wenn ich dich in mir habe, habe ich das Leben. Vielleicht werde ich schon bald bei dir sein. Ich bin bereit dazu. Wie Gott will, das habe ich doch mein ganzes Leben gesagt."

Am Nachmittag durfte ich meine Mama sehen. Meine geliebte, wundervolle, mutige und starke Mama.

Sie schien so unscheinbar hinter der Maske. Die Schwestern beachteten sie kaum. Aber sie wussten nicht, mit was für einer Kämpferin sie es zu tun hatten. Ihre Augen leuchteten voller Zuversicht. Und ich strahlte sie an. Wir mussten uns nicht viel sagen. Sie verstand alles. Immer. Sie hatte mich erzogen, selbstständig, mutig und stark zu sein. Sie schrieb mir zu meinem 18. Geburtstag, dass ich frei wäre, alles zu tun, was ich möchte. Das war so groß von ihr. Als ich meine Sportkarriere aufgab und damit alle ihre Träume für mich aufgab, um Ordensschwester zu werden. Was ich auch tat, es sollte immer etwas Gutes sein, worauf ich hinterher stolz sein könnte. Ja, Mama, darum hatte ich mich bemüht.

Wem soll ich mich anvertrauen
als Dir guter Gott?
Du kennst jede Sorge und Angst.
Sie sind zu groß für mich.
Für jeden anderen auch.

Ich weiß, DU wartest schon darauf.
Du weißt ja alles.
Fühlst alles.

Für jedes Vertrauen beschenkst
DU uns mit mehr Vertrauen.
Für jeden holprigen Glaubensversuch
mit tieferem Glauben.

Für jede zaghafte Bitte,
jeden verzweifelten Schrei
oder ängstliches Flüstern,
ja selbst im hoffenden Schweigen
mit Deinem Wort.

Du erfüllst uns mit Dir selbst.
Mehr geht nicht,
als die pure Liebe zu spüren –
schenk uns den Mut dazu.

3. Die rettende Operation und ein Schluck Champagner

Der letzte Tag vor der OP kam mir länger vor als alle anderen. Ich freute mich, dass meine Mama und Pfarrer Franz mich am Nachmittag noch mal kurz besuchen durften. Franz würde mir die Kommunion bringen und meine Mama würde ich einfach nur umarmen. Mehr wollte ich nicht. Ich schaute aus dem Fenster und dachte nach. „Nein, das kannst du nicht bringen", schoss es mir durch den Kopf. Aber ich rief meinen lieben Doktor an. „Jalid, ich hätte einen letzten Wunsch vor der OP. Ich weiß, das klingt jetzt verrückt, aber ich würde heute gerne noch einmal im Leben einen Schluck, wirklich nur einen Schluck, Champagner trinken. Wenn ich die OP nicht überlebe, dann war es der beste letzte Schluck auf Erden. Und wenn ich überlebe, ich weiß, du wirst dein Bestes tun, dann werde ich mich an diesen Moment immer erinnern, wie kostbar er ist." Ich klärte ihn auf, wieso es mir so viel bedeutet. Pfarrer Franz und ich waren bei Jörg Pilawa in der Quizshow und hatten damals 100 000 Euro erspielt. Bei einer Frage, als Pfarrer Franz an der Reihe war, fragte mich Herr Pilawa, was passieren würde, wenn er die falsche Antwort sagt? Ich antwortete schelmisch: „Dann buschts!" Alles lachte. „Und wenn er es richtig macht?" Ich lächelte: „Dann gibt's Champagner!" „Champagner?", wiederholte Pilawa überrascht. „Kennen Sie nicht den Ausspruch von Churchill? Wenn wir gewonnen haben, haben wir ihn verdient. Wenn wir verloren haben, dann brauchen wir ihn."

„Ja", sagte mein außergewöhnlicher Doktor. „Natürlich. Du zelebrierst dein Leben!" Kaum aufgelegt, rief ich Mama und Franz an. Wieso sollten sie sich wundern? Sie kennen mich. „Mein Doc hat es erlaubt." Meine Mama war begeistert. Das ist ihre Tochter. Verrückt, verliebt in das Leben. Direkt an ihrem Hotel war ein Einkaufszentrum und Lebensmittelgeschäft angeschlossen. Am Nachmittag schmuggelte sie eine gekühlte 200 ml kleine Flasche Champagner, die sie dort gefunden hatte, in mein Krankenzimmer und Pfarrer Franz brachte später die Gläser. Wenn schon, denn schon. Aus dem Teebecher trinken wir ihn nicht.

Ich habe wirklich nur einen einzigen köstlichen Schluck genossen. Wir lachten. „Den Rest trinkt ihr im Hotel."

Auch der Nachmittag zog sich. Ich hatte mein „Gute-Nacht-Posting" geschrieben und meiner Community Bescheid gegeben, dass meine OP gleich die erste in der Früh wäre und einige Stunden dauern könnte, ich würde aber erst am späten Nachmittag, wenn ich, so Gott will, im Wachraum aufwachte, durch Schwester Claudia ihnen auf meiner Seite Bescheid geben können. Ich bedankte mich noch einmal für alle Gebete und liebevolle Begleitung von so vielen. Ich hatte gebeichtet, zu Hause mein Testament geschrieben, ich war vorbereitet. Mein guter Doc schaute, bevor er heimfuhr, noch mal bei mir rein und schmunzelte. „Es werden Hunderte auch für dich beten", sagte ich ihm und er freute sich.

Da ich kein Abendessen mehr bekam, rechnete ich die Stunden vor, wann ich das letzte Mal noch einmal Wasser trinken durfte. Die letzten zwei Narkosen waren der Horror gewesen, auch wenn ich nur eine Stunde untersucht wurde. Aber schon damals hatte ich unendlichen Durst, bis ich wieder etwas trinken durfte. Bis zur letzten Minute, wo es mir gestattet wurde, würde ich noch trinken, niemand konnte ja sagen, wie lange diese Operation dauern würde. Es könnten über fünf Stunden sein. Mir grauste es.

Die letzte Nacht vor einer solch schwierigen Operation ist

für die meisten Patienten eine Herausforderung. Die Nacht nimmt kein Ende. Mein guter Franz betete die halbe Nacht am Handy mit mir. Irgendwann muss ich eingeschlafen sein und viel zu früh war ich wieder wach. „Du darfst nichts mehr trinken", schoss es mir durch den Kopf. Oh mein Gott, nur nicht daran denken.

Pünktlich wurde ich abgeholt und in den OP geschoben. Einige der Ärzte erkannte ich von der Untersuchungswoche. Dann wurde mir die Nadel für den Schmerzkatheter in den Rücken gelegt. „Mein Jesus, steh mir bei!" Mehr weiß ich nicht mehr. Ich war schneller weg als erwartet. Kann mich an nichts mehr erinnern.

Piepende Töne drangen an mein Ohr, und als ich die Augen öffnete, lag ich regungslos auf der Intensivstation. An meinem Hals hingen Schläuche, an meinen Armen ebenso und mehrere Drainagen aus meinem Bauch, damit das Wundsekret abfließen konnte, und natürlich der Blasenkatheter. Ich versuchte, mich zu bewegen. Mein kleiner linker Finger war taub. Wieso ist mein Finger taub?

Eine freundliche Stimme sprach mich an. „Ja." Ich lebe noch, schoss es mir durch den Kopf. Ich wurde nach meinem Namen gefragt. „Ja, ich bin Schwester Teresa."

„Es ist alles gut gegangen", sagte die nette Stimme. „Der Doktor kommt nachher und sagt Ihnen Bescheid." Das Erste, was ich fragte: „Können Sie meinen Pfarrer anrufen?" Ich sagte ihm die Telefonnummer von Pfarrer Franz, der mit Mama im Hotel wartete.

Er brachte sogleich das Telefon und wählte für mich. Als ich die Stimme meines „Papschis", wie ich ihn liebevoll nenne, hörte, kamen mir die Tränen. Was für eine Freude! Er würde Mama und allen Bescheid geben. Wir priesen Gott. Wie herrlich war es, seine Stimme zu hören. Eine Weile später kam Dr. Sehouli mit einer Armee von Ärzten, die um mein

Bett standen. An den Augen konnte ich ihr Strahlen erkennen, vor allem das Strahlen von Dr. Jalid. Man sah ihm seine Freude an und er fragte mich, wie es mir geht.

„Mein kleiner Finger ist taub!", sagte ich und hielt meinen Finger hoch. Er schaute mich irritiert an. Noch heute lachen wir darüber.

Er verkündete mir, dass ich eine 7-Stunden-OP überstanden habe und er den Tumor aus dem gesunden Gewebe herausoperiert hätte! Jetzt strahlte auch ich ihn an und eine Woge von Dankbarkeit umhüllte mich. „Danke, danke allen", sagte ich, „danke, Gott. Danke." Na klar, was ist für diesen grandiosen Operateur ein kleiner tauber Finger? Tereschen halt. Zwei Tage später war die Taubheit verschwunden.

Erst langsam bemerkte ich die riesige Schnittwunde, die sich von unten nach oben über meinen Bauch bis über den Nabel zog und geklammert war, aber ich hatte keine Schmerzen.

Wie besprochen brachte mir ein lieber Krankenpfleger mein Handy aus meinem Krankenzimmer auf die Intensivstation und ich machte nur ein Foto von den Apparaten über mir und ich sah, dass ich 38,5° Fieber hatte. Dieses Bild schickte ich meiner Mitschwester mit einer Sprachnachricht. Sie postete es für mich und gab Bescheid, dass ich es überstanden hätte und auf der Intensivstation war. 900 Klicks und unzählige Kommentare der Freude und Anteilnahme konnte ich in den nächsten Tagen lesen. Da schienen sich mächtig viele mit mir zu freuen.

Mit drei weiteren Patienten wurde ich die ganze Nacht versorgt. An Schlaf war nicht zu denken. Es piepste unaufhörlich. So muss das wohl sein. Aber wie rührend sich die erfahrene Schwester auf der Intensivstation um jeden von uns kümmerte, war großartig. Nur eines war ganz schrecklich: Ich hatte unendlichen Durst. „Nur ganz, ganz kleine Schlucke", sagte die so liebe Nachtschwester. Ich lächelte sie an. Ich lebe. Tereschen hat überlebt.

Der Tumor war weg, aber mein Magen rebellierte

Am Vormittag war noch mal Visite. Eine Ärztin und ein Arzt, die sich nach mir erkundigten. Mir ging es, soweit man das sagen kann, gut. „Aber ich habe so einen schrecklichen Durst", klagte ich.

Die Ärztin meinte, dass ich ja nicht am Darm operiert worden wäre und jetzt trinken könnte. „Wirklich?", fragte ich nach. „Na klar, ich bringe Ihnen Wasser und Säfte." Und sie stellte mir drei Flaschen hin. Ich dürfte trinken. „Nur kleine Schlucke", klangen mir noch die Worte der Nachtschwester in den Ohren. Aber die Ärztin ermutigte mich und der Durst war zu groß. Sie muss das doch wissen, dachte ich naiv. Oder wollte es einfach glauben. Ich vertraute leider der Falschen.

Ich trank und trank. War doch kein Problem mit dem Blasenkatheter, dachte ich. Gegen Mittag wurde ich bereits auf meine Station gebracht und durfte die Intensivstation verlassen. Ständig wurden neue Infusionen an mich drangehängt oder die Auffangbehälter der Drainagen gewechselt, das Fieber, das bereits gesunken war, kontrolliert und die Wundbehandlungen durchgeführt. Aber mein Magen rebellierte. An Essen war nicht zu denken. Ich erbrach mich öfter. Sicher wieder die Narkose. Wie auch nicht! Die ganzen Tage vor der OP und dann die siebenstündige Operation über wurde ich doch vollgepumpt mit Medikamenten.

Mein Schmerzkatheter wurde kontrolliert und man wunderte sich schon nach ein paar Tagen, wie selten ich nachgespritzt hatte. Das war so beruhigend nach einer solch großen Operation. Sollte ich Schmerzen bekommen, konnte ich selbstständig auf das Knöpfchen drücken und bekam eine Ladung extra Schmerzmittel zu der regelmäßigen Dosis, die der Apparat mir in das Knochenmark schoss.

Am Abend wurde ich gewaschen und eine der lieben Schwestern motivierte mich, mich zum ersten Mal aufzusetzen. Ich wollte es so sehr. Ich wusste vom Doc, je schneller ich aufstehen würde, umso besser. Die Schläuche wurden alle auf eine Seite gelegt. Mein Herz raste. Was für eine Anstrengung. Ich saß. Juhu! Aber wie nun aufstehen? Mit dieser Narbe. Ich hatte plötzlich eine Idee. Ließ mir nur die Sandalen anziehen und fuhr mit meinem Bett nach oben. Die Schwestern staunten. „Ja, ich bin dick, aber nicht doof", sagte ich und brachte alle zum Lachen. Dann halfen sie mir, auf meinen Beinen zu stehen. Ich ging zwei Schritte. Bekam fast keine Luft. Aber sie klatschten und waren stolz auf mich. Mein Doc jubelte, als ich es ihm schrieb, dass ich für Sekunden aufgestanden sei. Mit zwei Dingen kann man als Patientin Ärzte und Schwestern im Krankenhaus glücklich machen und ihren Respekt erhalten. Wenn man aufsteht und Stuhlgang hat.

Meine Nase hing am puren Sauerstoff und die Sättigung wurde immer wieder kontrolliert. Ich schlief bald, denn meinem Körper war so viel abverlangt worden. Leider rebellierte mein Magen am nächsten Tag. Ich musste mich ständig übergeben. Das Erbrechen ließ nicht nach. Ich wusste ja nicht, was ich alles an Medikamenten bekommen hatte. So ging das den ganzen Tag. Eines wurde aber klar. Ich hätte nie und nimmer so viel Wasser trinken dürfen. Die Erkenntnis kam zu spät. Na, mit dieser einen Ärztin hätte ich ein Hühnchen zu rupfen.

Die zuständige Stationsärztin an diesem Abend war sehr besorgt und erklärte mir, dass sie mir eine Magensonde legen müsste. Der Darm arbeitet nicht, weil „Därme eingeschnappt" wären, wenn sie so lange außer Betrieb gesetzt wurden. Und meiner war ja stundenlang außerhalb meines Körpers gelegen. Die Galle floss zurück in den Magen, das wäre für mich lebensgefährlich. „Nein, nur keinen Schlauch durch die Nase." Sehr einfühlsam ermutigte mich die Ärztin, dass wir das gemeinsam schaffen würden. Sie würde mir den Schlauch vorsichtig durch die Nase schieben, und wenn sie Bescheid sagen würde, müsste ich schlucken. Das heißt, den Schlauch runterschlucken, dann konnte sie ihn durch die Speiseröhre bis in den Magen schieben. Sie müsste vorsichtig sein, damit sie nicht aus Versehen die Lunge verletzen würde. Mir kamen wieder die Tränen. Pure Angst.

Ich befolgte besorgt ihre Anweisungen, aber es funktionierte auf Anhieb. Einen Schlauch im Rachen zu haben, war wirklich nicht angenehm. Literweise füllte sich der Auffangbeutel der Magensonde und musste schnell gewechselt werden. Ich dankte Gott für diese Ärztin, die Sonde und jedes kleinste medizinische Ding, das an mir hing. Das alles rettete mein Leben.

Der Schlauch wurde an meiner Nasenspitze bepflastert und ich sah ulkig aus und mitgenommen. Dr. Sehouli kam und ermutigte mich, es wäre alles so gut bis jetzt gelaufen und das bekämen wir auch noch hin.

Ich telefonierte mit Franz und Mama, machte meine ersten Postings wieder. Und Gott hatte noch eine Überraschung für mich.

In der Nacht begegnete mir ein ENGEL von einer Nachtschwester, die einfühlsam, liebevoll, ermutigend und verständnisvoll war. Sie heißt Claudia und ist bis heute nicht nur eine Facebook-Freundin, sondern bleibt für immer ein Engel für mich. Außergewöhnlich. Wenn sie Nachtdienst hatte, war jede Nacht ein Fest für mich.

Als Mama oder Pfarrer Franz am nächsten Tag mein Krankenzimmer betraten, sah ich erbärmlich aus, aber ich lächelte schon wieder. Ich hatte kein Fieber mehr und das ist bis heute so geblieben, mehr als zwei Jahre nach dem Eingriff. Nur eine Sorge hatten die Ärzte: meine Verdauung. Essen konnte ich immer noch nichts und bekam Nahrung über die Vene. Mein Darm blieb bewegungslos, und man versuchte, ihn mit Abführmitteln aufzuwecken. Das Ergebnis war eine Katastrophe. Ich bekam Blähungen, die nicht abgingen, sondern zurück in den Darm gingen. Niemand kann sich vorstellen, welche Schmerzen das verursachte. Der medizinische Begriff war Meteorismus. Bis zum Abend hielt ich durch und dann schickte ich einen Hilfeschrei per WhatsApp an meinen Doc. „Ich sterbe an Blähungen, wenn du nichts machst." Nicht lange danach stand Dr. Sehouli mit einer Ärztin bei mir im Zimmer. Ich sollte mich zur Seite drehen und was dann passierte, ging so schnell, dass keine Zeit für Erklärungen war. Ich erschrak, aber ich weiß nicht, wie viel Luft mich auf einmal verlassen hatte. Wieder hatte er mich gerettet.

Nein, es war weiß Gott keine leichte Zeit. Aber trotz der Riesenbauchwunde vermochte ich mit einigen Tricks, die ich wohl noch vom Sport kannte, im Bett zurechtzukommen und mich alleine nach oben zu ziehen. Die ersten Gehversuche mit der netten Ergotherapeutin und am Rollator lösten bei allen Freude aus, und meine Community war auch immer dabei. Aber am meisten bei mir selbst. Dr. Sehouli hatte Recht gehabt: Man verliert Lungenvermögen und die Beine werden schlapp. Also blies ich auch weiterhin Luftballons auf. Wenn Mama, die eine Stunde am Tag kommen durfte, da war, übte sie mit mir, was mir die Ergotherapeutin an Übungen beigebracht hatte, niemand hatte ja sonst Zeit dafür. Und sie strahlte und spornte mich an. Ich erinnerte mich an meine Sportlerzeit. Ich werde zurückkommen ins Leben.

Wie unendlich dankbar war ich Dr. Jalid. Wenn er Zeit fand, schaute er nach mir und wir philosophierten über Gott und die Welt. Was hatte sich Gott für ein Rettungspaket für mich nur ausgedacht? Ich hatte nicht nur einen der besten Krebsspezialisten dieser Welt und hervorragenden Operateur bekommen, sondern einen Menschen, der mir ein Freund wurde, und diese Freundschaft kann man kaum mit Worten ausdrücken. Was für ein Arzt, der nicht nur auf Augenhöhe mit den Patientinnen herunterkam, sondern auf die Herzenshöhe. Wir fanden so viele Gemeinsamkeiten. Wir liebten beide Gott und wir lieben die Menschen und wir lieben beide das Leben. Er Moslem, ich Christin. Er Arzt, ich Ordensschwester. Ich bewunderte ihn und er bewunderte mich. „Du bist ein Wunder und bleibst ein Wunder", sagte er öfters. Ich verdanke ihm mein Leben. Aber das war erst der Beginn dieser wundervollen Freundschaft, die sich nur Gott hat einfallen lassen können.

Leider hatte ich immer noch Probleme mit dem Essen und der Verdauung. Aber was für eine Erlösung, als der erste Stuhlgang kam. Es ging aufwärts, wenn auch langsam. Vor allem als der Blasenkatheter entfernt wurde. Das hieß aber, ich musste warten, bis eine Schwester kam und mir auf die Toilette half, denn allein durfte und konnte ich auch nicht aufstehen mit den ganzen Schläuchen. Und die Schwestern waren ja nicht nur für mich da, sondern auch für unendlich viele andere Patientinnen zuständig. Einmal weinte ich, weil ich dachte, ich mache ins Bett. Erst betätigte man den Klingelknopf in der Charité, dann ertönte eine Stimme, die fragte, was man brauchte. „Ich weiß nicht, wo die Zentrale ist." Er oder sie gibt das Anliegen dann an die Schwestern weiter. Einmal musste ich mehrmals läuten, was mir unangenehm war. Denn ich wusste, sie können auch nicht schneller kommen. Aber ich hatte Angst, ins Bett zu machen. Ich weinte bitterlich, denn alleine konnte ich noch nicht aufstehen. Es gab wundervolle Schwestern, die in der Zwischenzeit mein Bett herrichteten und das Fenster öffneten. Sie wissen, das dauert nur 30 Sekunden in der Regel, und halfen mir dann sofort wieder ins Bett. Eben Engel. Oder die anderen, die viel Stress hatten. Die sagten, ich solle läuten, wenn ich fertig wäre. Was soll ich sagen? Ich habe sehr oft auf der Toilette geweint, bis jemand kam. Abhängig sein, auf andere angewiesen sein, ihnen zur Last zu fallen ist schwer.

Dann kam der Tag, als die Klammern der riesigen Narbe entfernt wurden. Welche Freude, wenn ein Schlauch weniger an mir hing oder eine der Drainagen entfernt wurde. Der soziale Dienst regelte mit meiner Krankenkasse, dass ich ein Krankenbett, einen Rollator und einen Rollstuhl bekommen sollte. Als Krebspatientin bekam ich auch einen Schwerbehindertenausweis. Krebs verändert nun mal alles. Auch das war mir neu.

Am Montag, dem 16.11.2020, wurde ich operiert, vierzehn Tage später, am 30.11., aus der Frauenklinik der Charité entlassen. Franz wurde am Sonntag von einem Freund abgeholt und Mama durfte mit meinem Krankentransport mitfahren. Ich war unendlich dankbar.

Eigentlich sollte der Krankenwagen, der mich vierhundert Kilometer bis nach Hause bringen sollte, ein großer, bequemer Transporter sein. Aber etwas war schiefgegangen und ich sollte nun in einem normalen Krankenwagen gefahren werden. Wie sollte ich auf der schmalen Liege die vierhundert Kilometer durchhalten, noch dazu ohne einen Stopp? Und was, wenn ich auf die Toilette müsste? Das gibt's doch nicht! Als ich im Krankenwagen festgeschnallt wurde, drückte mir schon etwas in den Rücken. Ich konnte mich kaum bewegen. Dr. Jalid wollte sich auch noch von mir verabschieden. Ich schrieb ihm, dass ich bereits im Krankentransport vor der Tür stand. Als er sah, wie unbequem ich liegen musste, rief er sofort nach einer Schwester, verschwand und kam gleich wieder zurück.

Sie hatten ein Kissen und Decken dabei und versuchten mich zu polstern. Welcher Professor oder Direktor einer Klinik würde so was tun? Ich weinte voll Dankbarkeit. Das letzte gemeinsame Foto wurde gemacht und endlich ging es nach Hause. Wie die zwei tüchtigen Krankenpfleger es angestellt haben, weiß ich nicht, aber wir erreichten in einem Rekordtempo wohlbehalten unser Oberlindach. Ich schlief zum Glück zwischenzeitlich und trank so gut wie nichts während der Fahrt. Sie halfen mir noch ins Haus zu kommen, auch bei den sieben Stufen aus dem Wintergarten in die Küche. Ein Riesenakt für mich. Alle im Haus weinten voll Freude. Ich war wieder da und ich hatte überlebt. Alle Torturen an Leib und Seele überlebt. Fast gleichzeitig mit mir kam mein Krankenbett an und wurde in unserem Wohnzimmer aufgebaut. Die vielen Stufen zu meinem Schlafzimmer hätte ich noch nicht gepackt. Ich war wieder zu Hause.

Ich fühle nur noch Dankbarkeit.
Eine tiefe Achtsamkeit.
Gott wollte, dass ich lebe.
Er schickte mir zum richtigen Zeitpunkt
die richtigen Menschen.
Ich bin nicht zuerst überwältigt davon,
dass ich überlebt habe.
Ich bin überwältigt,
dass ich nicht verzweifelt bin,
mein Glaube nicht kleiner,
meine Zweifel nicht größer,
mein Vertrauen nicht schwächer,
sondern noch stärker, tiefer, voller
durch die Krankheit geworden ist.
Und ich weiß,
ich bin der Welt etwas schuldig
für so viel Gnade.

4. Es gibt keine Antwort auf das Warum - aber eine erstaunliche Entdeckung

Auf nichts von alledem war ich vorbereitet, als mir der Boden unter den Füßen weggezogen wurde. Dennoch konnte ich sofort denken: „Warum ich nicht?"

Obwohl ich weiß, dass es natürlicher gewesen wäre zu denken:

„Warum ich?" –

„Warum passiert das mir?" –

„Womit habe ich das verdient?"

Ist es nicht ganz menschlich und verständlich, eher so zu denken? Ja. Das ist es. Es ist ganz normal und legitim.

Ich konnte anders denken, weil ich es von einer jungen Frau, die einen Gehirntumor hatte, zum ersten Mal gelernt hatte. Als ihre Mutter angesichts ihres Leidens diese Worte in ihrem Krankenzimmer tief erschüttert aussprach: „Warum DU?", antwortete ihre wundervolle Tochter, eine gelernte Erzieherin: „Mama, warum ich nicht? Was macht mich anders als andere? Vielleicht braucht Gott im Himmel eine Erzieherin, die auf die Kinder aufpasst, bis ihre Mamas nachkommen." So stark, so mutig, so außergewöhnlich war Sabrina, die noch jeden Tag ganz bewusst lebte und jeden Tag genoss bis zu ihrem Sterben. Sie wurde mein Vorbild.

Dennoch gibt es keine Antwort hier auf Erden auf das „Warum gerade ich?" oder: „Warum passiert das mir?" Doch wenn man sich seiner Angst stellt, führt das zu einem bewussten

Nachdenken über Leben und Tod. Zu einer neuen Wertschätzung gegenüber dem Leben und den Menschen, die wir lieben. Weil ich mich mit dem Sterben schon vorher auseinandergesetzt hatte, konnte ich Antworten finden, die mir halfen, dieses Abenteuer „Kranksein" durchzustehen. Ich konnte zurückgreifen auf eine Glaubenskraft, die mich bis hierher getragen hat. Natürlich war es ein gewaltiger Schock. Jede Diagnose ist das. Und man braucht Zeit, die Trauer und Ohnmacht, die Wut und das Ringen mit dieser neuen Situation zu akzeptieren. Aber ich wollte meinem Gott weiter vertrauen und Seinen Weg für mich weitergehen. Das war eine bewusste Entscheidung. Was auch kommen mag, ich will für meine Liebsten weiterleben und Gott würde einen Plan haben, wie mein zukünftiges Leben gestaltet werden könnte. Wie viel Schweres hatte ich in meinem Leben schon alles gemeistert? Warum sollte ER mich jetzt verlassen? Warum sollte ich nicht auch dafür Kraft haben? Auch wenn ich sie nicht fühlte, doch in mir war mehr Kraft, als ich es mir zugetraut hatte. Wie tröstlich war mir schon immer das Lied von Fabian Vogt: „Ich weiß, du schaffst es! Du kommst da wieder raus. Ich weiß, du kannst es! Bald sieht alles anders aus. Ist die Angst erst überwunden, ist der Rest ein Kinderspiel. Hast du erst mal Mut gefunden, kommst du sicher bis zum Ziel."

Dass ich mutig weitergehen konnte, verdanke ich meinem Glauben an Gott. Verdanke ich meiner Gemeinschaft und meiner Mutter und den unzähligen Freunden, die für mich gebetet und mir täglich Mut zugesprochen haben. Ich wurde auf einer Woge der Zuneigung getragen, deshalb hatte ich auch den Mut, alles von Anfang an öffentlich zu machen.

Krebs und Krankheit ist nichts, wofür man sich schämen muss, schon gar kein Gebärmutterkrebs. Vor allem als ich später von meinem Doc erfahren hatte, dass man meinen Typ Sarkom nicht vorher hätte finden können.

Aber dennoch ist Krankheit in allerlei Hinsicht beschämend. Ein wildfremder Arzt teilt dir etwas darüber mit, was sich in deinem Innersten abspielt, von dem du nichts geahnt hast. Plötzlich bist du Patientin und fühlst dich ausgestoßen aus dem unbekümmerten Leben der Gesunden. Statt einem normalen Leben nachzugehen, das ich ja über alles liebte, mussten jetzt Arztbesuche, Therapien und die Lebenszeit investiert werden, um eine lebensbedrohliche Krankheit zu bekämpfen.

Das alles ist deprimierend. Und in der Zeit des Haarausfalls bei der Chemotherapie konnten es alle sehen, das Stigma der Glatze, das Krebs bedeutet. Gesellschaftlich fühlt man sich ausgestoßen und viele ziehen sich aus Angst oder Unsicherheit zurück. Man muss Schwestern und Ärzten das Intimste zeigen und sich daran behandeln lassen. Man muss sich auf der Toilette helfen lassen und das alleine löst Emotionen aus. Es gehört schon eine große Portion Selbstbewusstsein dazu, mit den Blicken anderer, auch mit den herablassenden Blicken mancher umzugehen. Für viele zählt nur das Äußere. Aber eines war mir von Anfang an klar und das hatte ich auch in meinem ersten Video, das ich mit meinen Communities teilte, deutlich gemacht: „Der Krebs wird nicht die Nummer eins in meinem Leben sein. Es wird immer die atemberaubende Liebe Gottes sein."

Nein, ich werde keine 0-8-15-Krebspatientin sein, irgendeine Nummer, sagte ich mir selbst. Ich werde immer Schwester Teresa sein, die gerade Krebs hat. Ich werde tapfer meine Füße auf dem Sandweg der Unsicherheit Schritt für Schritt wagen, aber ich werde eigene Spuren auf diesem Krankenweg hinterlassen. Und ich weiß, ER wird neben mir hergehen, wie bisher in meinem Leben. Wo man nur eine Fußspur sehen wird, hat Gott mich getragen, wenn ich nicht mehr konnte.

Vor allem ging mir durch den Kopf: Hatte ich nicht bis hierher ein überwältigendes, gesegnetes Leben? Warum durfte ich so viel Wundervolles tun? Warum so großartige Menschen an meiner Seite haben? Warum so einzigartige, wundervolle Freunde? Fantastische Mitarbeiterinnen und Mitarbeiter? Großartige Begegnungen und Events erleben, Länder bereisen? Warum durfte ich so viele Menschen ermutigen? So viele Bücher schreiben? So viel unterwegs sein? Ja, warum hatte ich die wundervollste Mutter auf dieser Erde? Warum ich?

Und ich schrieb mir in Gedanken all das Gute und Schöne auf, das dieser Gott mir geschenkt hatte. Freilich erlebte ich auch Ablehnung, Hass, Neid. Es musste alles verarbeitet werden. Gott gab die Kraft, die Kreativität, die Gnade.

Vielleicht täte es auch Ihnen gut, mal das „Warum ich?" für all die guten Erlebnisse und Geschenke Ihres Lebens aufzuschreiben.

Ja, du darfst rebellieren:
„Warum ich?"
Wenn es dir den Boden unter den Füßen wegzieht.
Du darfst hadern, grollen, traurig sein.
Du darfst deine Wut rausschreien
und bitterlich weinen.

Niemand versteht das mehr als ich.
Niemand versteht das mehr als ER.

Du bist jetzt überfordert.
Es gibt kein richtiges und falsches Verhalten.
Es ist deine Diagnose.
Deine Krankheit.
Dein Recht zu reagieren.
Aber auch wenn du niemanden belasten willst.
Deine Lieben fühlen sich genauso ohnmächtig,
fühlen sich ausgeschlossen.
Haben Angst.

Jetzt kann das Wunder von Nähe passieren,
die du noch nie gekannt hast.
Zärtlichkeit, die du noch nie gespürt hast.
Eine Stärke, die du noch nie erlebt hast.
Du bist nicht allein.
Gib deinen Lieben,
Deinen Freunden,
Deinem Gott eine Chance,
Dir beizustehen.

5. Kranke Menschen besser verstehen und Mut schenken: auf Ratschläge verzichten

Bemerken. Unbehagen. Arztbesuch.
Untersuchung. Warten. Sorgen.
Diagnose. Schock. Angst.
Ohnmacht. Fallen. Überforderung.
Weitere Untersuchungen. Todesangst. Operation.
Kampf. Schwäche. Chemotherapie.
Emotionen. Müdigkeit. Bestrahlung.
Warten. Ergebnisse. Erlösung.
Reha. Behörden. Anrufe. Ausfüllen.

Weil ich das alles selbst erlebt und erlitten habe, kann ich die Menschen jetzt noch besser verstehen, die Ähnliches erlebt haben. Deshalb kann ich jetzt schon sagen, dass meine Krebserkrankung, so verrückt das auch klingt, ein Geschenk war.

Ich sehe selbst in dieser schmerzvollen und mich an die Grenzen bringenden Erkrankung die zärtliche Führung eines Gottes, der nur das Beste für mich wollte. Anders kann ich nicht denken.

Es war keine Strafe Gottes, kein Ausbremsen, weil ich zu viel gearbeitet hatte, keine Lehrstunde des Lebens oder des Schicksals. Gott braucht so was nicht. Was wäre das für ein liebender Vater, der seinen Kindern eine Krankheit schenkt, ein Schicksal, ein Erdbeben, um sie dann großzügig und gnädig wieder retten zu können. Das tut ein Liebender nicht.

Allein schon die Tatsache, dass meine Krankheit ausbrach, als wir Lockdown hatten, ist für mich ein Zeichen dafür.

Als alles stillstand, eine Zwangspause, nicht nur für mich. Für die ganze Welt. Aber ganz ehrlich, der Gebärmutterkrebs hätte zu keinem besseren Zeitpunkt entdeckt werden können. Nichts musste ich absagen. Niemanden enttäuschen.

Wir alle trauerten über das aufgezwungene Leben der Pandemie. Ich sah aber auch in der Pandemie eine Chance, „zurück zur ersten Liebe", zu Gott, einem neuen Umgang mit dem Leben und der Natur zurückzukehren, und schrieb auch ein Buch dazu. Diese „geschenkte Zeit", nach dem schmerzvollen Lernen mit der neuen Lebenssituation durch „COVID" zurechtzukommen, kam vielen zugute.

Auch wenn die Trauer bleibt über geliebte Freunde, die dem Coronavirus zum Opfer fielen. Ich weinte bitterlich um sie. Dieser sinnlose Tod war fürchterlich. Die Überlastung der Intensivstationen, der Druck auf das tapfere medizinische Personal. Den Bestattern, den Verkäuferinnen, ja der ganzen Welt war es zu viel geworden. Auch meine Krankheit war mir zwischendurch zu viel.

Jede Krebserkrankung ist anders. Einzigartig. Persönlich. Macht anders betroffen. Jeder Mensch bringt seine eigene Art und Weise im Umgang mit einer Krankheit mit. Niemand darf auf eine Nummer oder auf eine Krankheit wie Krebs heruntergeduziert werden. Für mich gibt es keine gewöhnlichen oder durchschnittlichen Menschen. Jeder ist ein Wunder. Es gibt keine „normale" Krebsdiagnose und kein einziger Patient ist nur eine Nummer. Leider müssen viele Kranke das aber so erleben.

Wer die Erfahrung des „Ausgeliefertseins" nicht selbst mitgemacht hat, wer die Angst nicht kennt, der kann eigentlich nicht mitreden. Wenige Außenstehende können nachvollziehen, welche inneren Veränderungen eine Krankheit mit sich bringt. Für alle Betroffenen gilt, dass es eine Zeit seelischer Belastung ist, nervenaufreibend, vor allem wenn die Erkrankung existenzbedrohend ist.

Jeder Kranke leistet dabei seelische Schwerstarbeit.

Man sehnt sich nach Trost, Ermutigung und Hilfe. Ich sehnte mich nach Informationen. Ich wollte alles ganz genau wissen und manche Sachen wären anfangs besser gelaufen, wäre ich besser informiert gewesen.

Ich wollte eine mündige, selbstbewusste Patientin sein, die nicht einfach alles über sich ergehen lässt. Mündige Patientinnen lehnen es ab, sich als Opfer zu betrachten. Sie lesen und durchforschen und werden Spezialisten ihrer Krankheit. Sie hinterfragen die Entscheidungen ihrer Ärzte, weil sie die Therapie verstehen und daran teilhaben wollen. Sie wollen geschätzt und als Mensch gesehen werden und die Kontrolle wiedererlangen über ihren Körper, ganz gleich, wie die Krankheit sich auch entwickeln mag. Auf unschöne Weise wurde mir die Diagnose Krebs per Telefon vermittelt. Es klang wie ein Todesurteil. Aber ich weigerte mich, an meiner Angst zu ersticken. Wie unglaublich sensibel wird man doch, wenn es plötzlich um Tod oder Leben geht.

Was man absolut nicht verträgt, sind die vielen gut gemeinten Rat-Schläge. Und davon gab es in meiner Krankheitszeit reichlich. Worte können wie Balsam sein, befreiend, trostspendend und rettend. Aber sie können auch einen immensen Schaden anrichten. Worte sind fähig, Menschen zu zerstören und in eine Depression zu stürzen. Es gibt vier Sätze, die ich einfach nicht mehr hören konnte. Sie machten mich regelrecht aggressiv:

Satz 1: „Du musst positiv denken!"
Wer denkt denn positiver als ich? Aber echt nett, wenn man Hände und Arme zerstochen bekommt, Blutergüsse vom Blutabnehmen auf deinen Händen und Armen sind, die wie Tattoos aussehen. Man sich wie ein Versuchskaninchen für Arzthelferinnen und Assistenzärzte vorkommt. Autsch!

Oder nach einem Anruf, am Ende meiner einjährigen Krankheit, kurz bevor ich endlich den Krankenstand verlassen konnte. Die Mitarbeiterin einer medizinischen Behörde fragte mich tatsächlich, ob ich mit meinem Palliativteam zufrieden sei. Ich war perplex und antwortete, dass ich nicht ganz verstehe, was sie meine. Ich bekäme doch nur noch Thrombosespritzen nach der Operation meines Bauchwandbruches. Woraufhin die Dame mir erklärte: „Ich meine die Schwestern und Ärzte, die Ihnen die Medikamente machen: MIT IHNEN GEHT'S DOCH ZU ENDE!" Schock!

Selbst wenn das der Fall gewesen wäre – so etwas sagt man einem Menschen doch nicht! Nach diesem Anruf weinte ich den ganzen Nachmittag. Andere Kranke haben mir ähnliche Erlebnisse anvertraut – eines erschütternder als das andere.

Positives Denken heißt nicht, das Negative einfach auszublenden. Es ist schwer, positiv zu sein, wenn man durch unüberlegte Bemerkungen von Ärzten und Pflegepersonal an seine emotionalen Grenzen kommt.

Also heißt es, noch mehr auf seine eigenen Bedürfnisse und Grenzen zu achten. Noch besser für sich selbst zu sorgen. Und selber noch achtsamer mit Worten für andere zu sein.

Satz 2: „Steigern Sie sich nicht so rein"
Grandios, wenn man extra früh anreist, weil man acht qualvolle Stunden Chemotherapie vor sich hat. Dann erst einmal eine Stunde auf die Blutabnahme warten muss. Und sich an-

schließend wundert, warum die erste Kortison-Infusion dreimal so lange dauert wie üblich. Um dann irgendwann zu erfahren, dass der Arzt, der bei der Chemotherapie anwesend
sein muss, mit dreistündiger Verspätung anreist. Das Personal
hat das gewusst, aber uns nicht informiert. Wir hätten ja zwischendurch nach Hause fahren können oder später kommen.
Und wenn man sich als Patientin dann ärgert, bekommt man
gesagt, man soll sich nicht reinsteigern: „Haben Sie denn heute noch was vor? Haben Sie denn einen Termin?" „Das ist
meine Lebenszeit", habe ich geantwortet, „die will ich nicht
in diesem Abstellraum verbringen." Man hätte uns die Wahrheit sagen können, dass der Arzt sich sehr verspäten wird, und
die Patientinnen entscheiden lassen können, was sie tun. Wir
sind doch alles Erwachsene, keine Kinder. Nicht richtig informiert oder sogar angelogen zu werden, ist das Allerschlimmste!

Sich hineinzusteigern ist für einen kranken Menschen viel
normaler, als sich das gesunde ausmalen können. Jeder weiß
das, der schon mal Stress erlebt hat. Wenn du ängstlich, wütend, traurig oder gekränkt bist, empfindest du diese Gefühle
bis zu zehn Mal intensiver als andere Menschen. Ich glaube
einfach, das steht einem Menschen, der Krebs hat oder sehr
viel Schlimmes erlebt hat, zu, denn dieser Stress ist unvor-
stellbar.

„Das ist jetzt sehr schwer für Sie, das ist jetzt ärgerlich, das
verstehe ich, das auszuhalten. Kann ich etwas tun, damit Sie
sich etwas besser fühlen?" Solche Worte hätten mehr geholfen.

Satz 3: „Du musst Vitamin D nehmen"
Nach der hundertsten Nachricht über die Wichtigkeit von
Vitamin D hätte ich laut schreien können. Ich habe es auch
tatsächlich getan.

Für gute Tipps ist jeder Kranke dankbar. Aber nicht für

die Worte „DU musst". Es gibt eine wundervolle App „Yes we cancer". Eine Selbsthilfe-App, die wirklich hilft, weil sie sowohl für Erkrankte als auch für Angehörige großartige Hilfe anbietet.

Ansonsten gilt: Nicht alle Ratschläge sind für einen Kranken wirklich hilfreich, manche sogar geradezu lebensgefährlich.

Satz 4: „Du schaffst das!"

Am schlimmsten war für mich der Satz: *„Du schaffst das!"* – *„Du bist stark!"* Diesen Satz habe ich mir von zu vielen Menschen anhören müssen. Natürlich weiß ich, dass das gut gemeint war, und will niemandem deswegen ein schlechtes Gewissen machen. Das sagt man eigentlich, um anderen Mut zuzusprechen. Aber mir tat der Satz weh, je öfter ich ihn hörte.

Ich habe fast ein Jahr gebraucht, um zu verstehen, warum das so ist.

Bei einer Krebserkrankung wachsen Krebszellen und teilen sich, formen Tumore und greifen das Immunsystem an. Der Körper kämpft dagegen an, er kämpft gegen sich selbst. „Du schaffst das." – Was schaffe ich denn? Ist das die Aufforderung zu kämpfen, um den Krebs zu besiegen? Und wenn ich den Krebs nicht besiege? Es nicht schaffe? Habe ich dann versagt?

Wenn die Therapien funktionieren, war es der Arzt. Wenn nicht, war der Krebs zu stark. Meine beste Freundin hat an dem Tag, als ich erfuhr, dass ich krebsfrei bin, erfahren, dass sie es nicht schaffen wird. Ein paar Wochen später war sie tot. „Das schaffen Sie schon", machte mich wütend. Ich fühlte das nämlich ganz und gar nicht, im Gegenteil, angstbesetzt und verunsichert war ich.

Statt der Floskel „Du schaffst das" wäre es hilfreicher, die Gefühle anzusprechen.

„Das ist jetzt alles ganz schwer für dich." – „Ich könnte mir vorstellen, du bist jetzt überfordert. Alles ziemlich viel zu verkraften im Moment." Eine emotionale Hilfestellung, um sich bestätigt und verstanden zu fühlen. Das gilt auch für Kinder vor einer Prüfung. „Du schaffst das!", kann mehr Schaden als Nutzen sein, frustrieren, statt zu ermutigen. „Ich liebe dich immer, was auch passiert", klingt doch schon viel besser.

Was hätte ich nur ohne Dr. Heidi Massinger-Biebl getan, meine liebe Heidi, der ich den Kontakt zu Dr. Sehouli verdanke? Als ich wieder aus dem Krankenhaus zu Hause war und Probleme auftauchten, auf die mich keiner vorbereitet hatte. Ich konnte sie zu jeder Tages- und Nachtzeit kontaktieren und immer hatte sie Vorschläge, was ich machen konnte, keine Rat-Schläge. Ebenso mein guter Doktor Sehouli. Er antwortete, sobald er dazu kam, wenn es um medizinische Fragen ging, die ich ihm stellte.

Was mich tröstete, waren Sätze wie:
„Das tut mir leid!"
„Was du gerade durchmachen musst, tut mir leid."
„Danke, dass du mir das anvertraut hast."
„Was brauchst du?"
„Es ist ganz okay, dass du Angst hast."
„Ich bin für dich da, wenn du mich brauchst."
„Du darfst weinen. Tränen sind von Gott." (Dr. Sehouli)
„Ich möchte dir gerne etwas sagen, was dich tröstet, aber ich finde einfach die richtigen Worte nicht."
„Wollen wir zusammen beten?"
„Wenn du reden oder weinen oder schreien willst. Ich bin da."
„Ich verlasse dich nicht."

Und selbst für einen gläubigen Menschen wie mich waren Bibelsätze manchmal eher eine Belastung als ein Trost. Die Psalmen dagegen halfen mir. Wie Psalm 18 oder 30. Wenn

Pfarrer Franz mir in den Nächten aus den Psalmen vorlas, lebte ich auf. Obwohl ich nicht mal fähig war, einen Satz zu sagen. Er erinnerte mich auch an wunderschöne Erlebnisse aus unserem Leben und was wir schon alles gemeistert und durchgestanden hatten. Das half mir, Mut zu fassen. Mich meiner Stärke zu besinnen.

Ich spürte in dieser Zeit, dass ich eine neue Sprache brauchte, weil eine Krebserkrankung Gefühle und Emotionen auslöst, die man vorher nicht kannte. Ich brauchte neue Worte, neue Begriffe, neue Gedanken, um mich verständlich zu machen, ohne mich selbst oder andere zu verletzen oder mich schuldig zu fühlen. Auch die anderen waren Anfänger im Betreuen und Aushalten einer Krebserkrankten. Auch sie waren nicht darauf vorbereitet.

Nicht weglaufen, sondern beim Kranken aushalten

Ohne meine Mama und meine Gemeinschaft hätte ich das alles kaum verkraftet, vor allem die ersten Wochen nach der Operation und die anschließende viermonatige Chemotherapie und Bestrahlung, die im Januar 2021 begann.

Die ersten Tage und Nächte zu Hause waren wirklich nicht leicht. Meine Mama schlief im Wohnzimmer auf der Couch, denn ich musste fast alle zwei Stunden auf die Toilette. Und jeder dieser Gänge war eine Qual. Zu Hause hatten wir eine viel niedrigere Toilette als in der Klinik. Da in meinem Unterleib eine „Totaloperation" stattgefunden hatte, saßen Blase und Darm anders als vorher. Manchmal brauchte ich 10 Minuten, bis ich die richtige Position gefunden hatte, um Wasser lassen zu können. Meine Probleme mit der Verdauung blieben. Zum Glück fanden wir einen Aufsatz für die Erhöhung der Toilette, den man einfach darüberschieben konnte. Seit diesem Zeitpunkt ging es aufwärts.

Aber wie viele Stunden verbrachte ich weinend auf dem stillen Örtchen?

Meine wundervolle Mutter und meine Gemeinschaft ließen mich auch dabei nicht alleine. Meine Mama stand an der Tür und hielt meine Qualen mit aus, ermutigte mich, strich über meinen Kopf und drückte mich, wenn die Tränen aus mir herausquollen. Zum Glück kamen auch die wundervollen Caritasschwestern Petra, Nicole und Doris, um mich zu unterstützen und meine Mitschwester zu entlasten. Sie musste ja auch noch arbeiten. Fast ein Jahr lang pflegten sie mich. Als die Krankenkasse die Pflege nach der Reha trotz Antrag der Klinik beendete, bezahlten wir sie aus eigener Tasche weiter.

Ich bin so dankbar, dass ich einem Land lebe, in dem es eine Krankenversicherung gibt. Aber ich habe auch gelernt, dass ich für mein gutes Recht immer wieder kämpfen muss. Ich musste Einspruch einlegen, denn es waren keine Almosen, sondern es wurden Leistungen verweigert, die mir eigentlich zustanden. Dieser Kampf hat mich oft an meine Grenzen gebracht.

Wenn Mama nach Hause fuhr, wachte Pfarrer Franz in den Nächten, bis ich eingeschlafen war. Er ließ mich nicht alleine und ich war ihm so dankbar. Rührend kümmerten sich Schwester Claudia und unsere Kandidatin Anna-Maria um mich und munterten mich auf durch ihre Späße beim Waschen. Einfach da sein. Dabeibleiben. Nicht weglaufen, das hat uns damals alle einander nähergebracht. Ich weiß nicht, wie viele Anrufe Pfarrer Franz bei meiner Krankenkasse und den anderen Behörden für mich übernommen hat, wie viele Formulare er ausgefüllt hat. Ganze Ordner hat er mit den Arztbriefen und Anträgen gefüllt. Ich wäre nicht dazu in der Lage gewesen.

Hört auf, mir Ratschläge zu geben.
Ich tue alles so gut, wie ich es nur kann.
Nehmt mich bitte ernst.
Der beste Satz meine Aufregung zu steigern
ist, mir zu sagen, ich soll mich nicht aufregen.

Lauft nicht weg, wenn ich weine.
Mich wiederhole.
Traurig oder verzweifelt bin.
Die Last ist zu groß für mich alleine.
Ihr könnt sie ein Stück mittragen,
aber sie mir nicht nehmen.

Hört auf zu funktionieren,
und erwartet das nicht von mir.
Ich spüre eure Ohnmacht.
Aber meine Angst gehört mir.
Sie hat einen Teil meiner Seele aufgefressen
und ich bin dabei,
sie Stück für Stück zurückzuerobern.

Sie verschwindet nicht,
wenn ich sie verleugne.
Sie verliert nicht ihre Macht
durch Worte oder Gebete.

Gebete geben mir Kraft, mich ihr zu stellen.
Die Angst vor der Angst zu verlieren.
Wir müssen gar nichts „müssen".
Wir „dürfen" beide lernen,
was krank sein bedeutet.
Was krank sein mit uns allen macht.
Die wirksamste Medizin gegen Angst ist Ehrlichkeit.
Die beste Medizin das Lachen.
Der Angst ins Gesicht zu lachen.

Ich brauche eure Liebe,
um mich selbst zu ertragen.
Ich brauche Gottes Liebe,
um mich fallen zu lassen.
Schwach und müde und kraftlos zu sein
und plötzlich zu fühlen,
wie wunderschön es ist,
trotzdem geliebt und wertvoll zu sein.

6. Wenn Grenzen überschritten werden

Die Operation hatte ich überstanden, aber wie ging die Therapie nun weiter? Im Arztbrief der Charité wurden eine Chemotherapie und eine kurze Bestrahlung empfohlen. Sollte ich das wirklich tun? Der Tumor war mir bis zum gesunden Gewebe entfernt worden. Ich hatte keine Metastasen und 52 Lymphknoten waren entfernt worden, die alle tadellos waren. Zuerst sprach ich mit Dr. Sehouli. Ich fand es großartig, dass er mir die Freiheit ließ und mich nicht bedrängte. Es wäre meine Entscheidung, ob ich die Chemotherapie freiwillig auf mich nehmen wolle, damit auch alle Krebszellen, sollten noch welche da sein, beseitigt würden. Vor allem half mir Dr. Heidi. Sie erklärte mir, dass die Chancen, meinen Krebs zu besiegen, sowohl vom Ergebnis der Operation abhängig wären als auch von einer erfolgreichen Chemotherapie und Bestrahlung. Aber es bliebe immer ein kleiner Prozentteil Restrisiko, den eben niemand vorhersehen kann. Ich informierte mich über die Nebenwirkungen einer Chemotherapie. Egal, wie ich mich entschied, es gab immer ein Risiko. Aber welches Risiko war größer? Alles Menschenmögliche zu tun, um jede Krebszelle zu beseitigen, oder es ohne eine Chemotherapie zu versuchen? Oh, Mensch, dachte ich mir, wenn ich eines Tages im Himmel erfahre, dass eine Chemotherapie nicht nötig gewesen wäre? Aber ich lebe noch hier auf der Erde und wollte noch weiterleben, also entschied ich mich, das Risiko einer Chemotherapie auf mich zu nehmen.

Vor Weihnachten fand das erste Gespräch mit der Onkologin statt. Ich wurde über alles aufgeklärt, aber nach zweieinhalb Stunden konnte ich nicht mehr. Ich war dankbar, dass sie mich schon schnell drangenommen hatte. Am 5. Januar 2021 wurde mir ein Port über die linke Brust unter die Haut eingepflanzt. Operativ mit lokaler Betäubung in einer Klinik in der Nähe. Der Arzt meinte, heute legt er einen „VIP-Port, so bekannt wie Sie sind". Er war wirklich sehr, sehr nett.

Der Port, den man mir eingesetzt hatte, bestand aus einer kleinen Kammer mit einem Schlauch, der in eine herznahe Vene mündet. Über eine Spezialnadel bekommt man die Chemo direkt in den Port. So muss nicht jedes Mal neu in eine Vene gestochen werden. Auch Blutentnahmen sind darüber möglich. Zwei Tage später, am 7. Januar 2021, fand meine erste Chemotherapie statt. Ich lag auf einer harten Untersuchungsbank, separat in einem kleinen Raum, der vollgestellt war mit einem Schreibtisch und dem Ultraschallgerät. Aber weil ich hier alleine war, durfte eine Begleitperson bei mir sein, die Bescheid sagte, wenn die Infusion durchgelaufen war, und die darauf achtete, dass es mir gut ging. Meistens waren es meine Mama oder Pfarrer Franz. Aber wenn das Ultraschallgerät gebraucht wurde, musste ich den Raum verlassen. Es war nicht einfach für mich, von der hohen Untersuchungsbank abzusteigen. Aber mit einigen Decken und Kissen, die ich mitgebracht hatte, konnte ich mich einigermaßen weich betten und gut warmhalten.

Insgesamt waren sechs Behandlungen geplant, jeweils im Abstand von drei Wochen. Vor jeder neuen Chemotherapie musste ich schriftlich festhalten, wie es mir geht. Ich nahm kontinuierlich ab. Die Haut wurde dünn und hatte Risse am Unterbauch und ich hatte Schmerzen an meinem Bauchnabel. Das gab ich immer wieder an. Nach der zweiten Chemo fingen die Haare an auszufallen. Es war also so weit. Nach der dritten Behandlung, nachdem ich nachts immer wieder Haare im Mund hatte, bat ich meine Mitschwester, sie mir ganz abzurasieren. Natürlich wusste ich, dass sie wieder nachwachsen. Aber nie hätte ich geahnt, wie sehr man erschrickt, wenn man sich zum ersten Mal glatzköpfig betrachtet. Denn Glatze bedeutet Brandmarkung: „Teresa, du hast wirklich Krebs." Wir machten ein Video davon, wie mein Kopf kahl rasiert wurde, und veröffentlichten es. Ich konnte wirklich nicht ahnen, wie vielen Tausenden Menschen ich damit Mut gemacht hatte. Und ich beschloss aus Solidarität mit allen Krebskranken, mich so lange ohne Schleier zu zeigen, bis die Haare wieder da waren. Als meine Mama und meine Mitschwestern liebevoll meine Glatze streichelten und es ab und zu ein Küsschen gab und sie meinten, dass ich süß wäre, beschloss ich, jetzt eben eine glatzköpfige, süße Schwester Teresa zu sein.

Wäre ich nur mutiger gewesen, mich der „Leuko-Spritze" zu verweigern. Nach dem dritten Termin gab mir eine Arzthelferin im Auftrag meiner Onkologin, die ich so gut wie nie zu Gesicht bekam, die Spritze mit. Am Donnerstag hatte ich meine Chemo und am Freitag sollte mir die Caritasschwester die Spritze geben. Weil ich wissen wollte, welche Nebenwirkungen die Spritze haben könnte, rief ich am Freitag an und erkundigte mich. Die meisten spüren sie gar nicht, hieß es, und wenn, wären das Symptome wie bei einer Grippe. Das sagte mir nichts – ich hatte noch nie eine Grippe.

Tatsächlich bewirkt die Spritze, dass das Knochenmark versucht, neue Leukozyten zu produzieren. Ich hatte unglaubliche Gelenkschmerzen. Drei Tage lang pulsierte es in der Schulter, den Händen, den Beckenknochen und den Knien bis zu den Fußgelenken. Am Wochenende war keiner der Ärzte zu erreichen. Gott sei Dank hatte ich meine

Freundin Dr. Heidi, die mir empfahl, sofort Tabletten gegen die Schmerzen zu nehmen.

Begeistert war ich nicht von dem Vorschlag. Seit Weihnachten hatte ich keine Schmerztabletten mehr genommen, weil ich keine mehr brauchte. Ich wollte auf keinen Fall wieder Verstopfung haben, was oft eine Nebenwirkung der Schmerztabletten ist. Aber am Samstagabend wurde es zu heftig. Ich nahm die Tablette. Mama meinte, ich würde brennen, so heiß war ich, wenn sie in meine Nähe kam. „Dann kühlen wir eben", schlug die Sportlerin in mir vor. Und es half tatsächlich. Ich schlief mit den Kühlelementen sogar ein. Wie freute ich mich. Gleichzeitig war ich so wütend, weil niemand mich über diese schlimmen Nebenwirkungen informiert hatte. Ein Satz hätte doch genügt, dass ich mich hätte darauf einstellen können, oder man hätte mir gleich Schmerztabletten mitgeben können. Ich hatte zwar eine Notfalltelefonnummer für das Wochenende, falls ich Fieber bekommen würde, aber das hatte ich ja nicht. Am Montag rief ich in der Praxis an und schilderte, wie es mir ergangen war. Eine Woche musste ich auf den Rückruf meiner Ärztin warten. Sie hat zugegeben, dass es ihr Fehler war und nicht der der Arzthelferin. Aber entschuldigt hat sie sich nicht. Zum Glück gibt es auch andere Ärztinnen und Ärzte, die Fehler eingestehen können und Mitgefühl für die Patienten haben.

Bis zum Ende der Chemotherapie konnte ich mir mit Kühlen selber helfen, ohne viele Schmerztabletten nehmen zu müssen. Die Arzthelferinnen waren sehr freundlich. Jede hatte einen Lieblingsengel. Der Vertretungsarzt war ein wandelndes Lexikon. Er schaute regelmäßig nach mir und ich konnte ihn alles fragen.

Doch dann kam der nächste herbe Rückschlag. Nach der fünften Chemotherapie bemerkte ich eine Wölbung im Oberbauch. Mich durchfuhr eine Menge Adrenalin. Durfte sofort zur Unterschalluntersuchung kommen und schrieb meinem Doktor Jalid, dass etwas mit meinem Bauch nicht stimmte. Nun wurde ich in dem Raum, wo ich so viele Stunden verbringen musste, endlich auch mal untersucht. Jedes Mal hatte ich gesagt, dass ich Schmerzen oberhalb meines Bauchnabels hatte. Ich wusste, dass durch die Chemo das Gewebe brüchig wurde. Die Untersuchung bestätigte meine Befürchtung: Bauchwandbruch! Aber er wäre so groß, dass keine Gefahr bestünde, dass der Darm sich einklemmen könnte. Mir wurde eine Bauchwandbinde verschrieben. In dem Moment rief mein guter Doktor Jalid aus Berlin am Handy, direkt aus dem OP, an. Er wollte auch wissen, was los war. Er ließ sich alles von der Ärztin schildern und beruhigte mich erst einmal. Er machte mir gleich Mut, dass wir das wieder hinbekommen. Welch ein unsagbarer Trost. Es dauerte Wochen, bis mir das Sanitätshaus die Binde, die man mir angepasst hatte, lieferte. Als ich Monate später in der Reha erfuhr, dass ich mich nicht mal hätte bücken dürfen, weil der Riss sich hätte vergrößern können, war ich einfach nur entsetzt. Das hatte mir niemand gesagt.

Vorsicht vor unsensiblen Ärzten – nicht alles glauben

Deshalb bangte es mir wirklich vor der allerletzten Chemo. Was kann da noch alles passieren? Was wird mir als Nebenwirkungen bleiben? Einen Bauchwandbruch hatte ich schon. Aber dass der letzte Behandlungstermin ausgerechnet am 22. April sein sollte, war für mich ein freudiges Zeichen. Da beginnt, wenn Gott es so will, wieder mein neues Leben. Es war mein Tauftag. Wer mich kennt, weiß, was er mir bedeutet. Aus der damaligen ungetauften Spitzensportlerin wurde eine Christin, als Gott mir mit 18 Jahren im Sportinternat in einer schlaflosen Nacht durch die Bibel begegnet war. Deshalb war ich auch bestürzt, als die Praxis den Termin kurzfristig nach hinten verschieben wollte und der dreiwöchige Rhythmus geändert werden sollte, weil der Raum an diesem Tag von einer neuen Ärztin belegt wäre. Eine Arzthelferin sagte es mir so nebenbei, während einer Chemotherapie. „Damit bin ich nicht einverstanden", sagte ich. „Sie haben doch alle Termine für mich festgelegt. Ich möchte mit meiner Onkologin darüber sprechen." Als Antwort bekam ich: „Dann müssen Sie halt woanders hingehen." Ich war wie vor den Kopf gestoßen.

Ich bin dankbar, dass es am Ende doch bei meinem Tauftag blieb. Schwester Claudia war die ersten Stunden dabei und wir sangen sogar Lobpreislieder und machten ein Video davon. Die anderen Stunden kam dann Pfarrer Franz. Wie dankbar war ich, dass ich die letzten Male mit dem Apparat nur fünfeinhalb Stunden lang Chemo hatte. Die Hälfte der Zeit schlief ich. Ich sah zwischendurch schrecklich aus. Die Hoffnung, dass ich es bald geschafft hatte, tröstete mich. Pfarrer Franz hatte mir eine Riesenüberraschung versprochen, weil ich so tapfer war.

Nur noch ein kurzes Abschlussgespräch mit der Onkologin, dann geht's nach Hause und feiern. Gott sei Dank war Pfarrer Franz mit dabei.

Als das Gespräch beginnen sollte, klingelte ihr Handy und sie entschuldigte sich, weil ihr Sohn dran war. Erst mal kein Problem für mich. Sie hatte es dann auf lautlos gestellt. Aber das ganze Gespräch hindurch vibrierte es dermaßen, dass ich nur dachte: „Geh halt dran, es ist dein Kind." Aber sie ließ es die ganze Zeit vibrieren. Es wurde das bitterste Gespräch meiner gesamten Krankheitszeit.

Die Termine der Bestrahlungen müssten vereinbart werden. Sie würde das für mich regeln. Der Strahlenarzt, zu dem sie mich überweisen würde, wäre eine Koryphäe. „Wie lan-

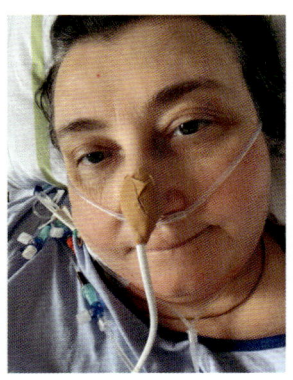
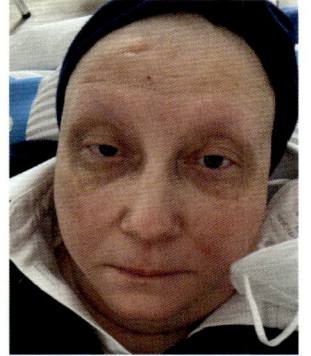

links: nach 7-stündiger Operation mit Magensonde am 18.11.2020

rechts: während der Chemotherapie

unten: „Teresas Bär hilft" Spendenaktion während der Erkrankung 18 000 Euro für „Initiative mit Krebs leben e.V."

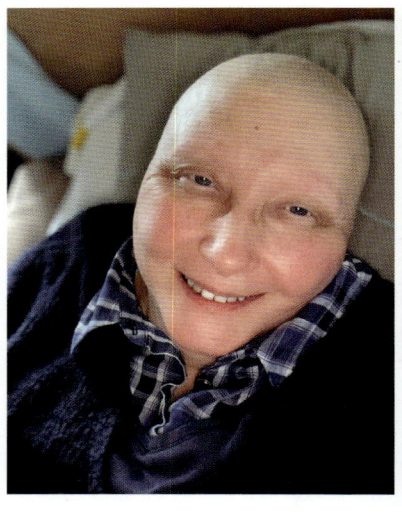

„Auch wenn man krank ist, kann man glücklich sein. Danke Gott für alle Glücksmomente." (Foto vom 14.5.21)

oben: Die Haare wachsen wieder – nachdenklich: Was habe ich alles überstanden?

Teresa 2.0 ist wieder da!

Fotoshooting
im Juni 2021
Fotos: Peter Eichler

*„Gesund geschlemmt"
Lebensfreude durch
Kochen wieder
entdeckt. 20.7.21*

*Mein Doktor und Le-
bensretter Dr. Jalid
Sehouli, mit dem ich
ein Kochbuch der
Lebensfreude gemacht
habe.*

In der Reha.
Man kriegt mich kaum
aus dem Wasser.

Fertiges Bild in der Reha „Blick ins Paradies" als Abschluss der Erkrankung.
Acryl auf Leinwand (August 2021)

ge dauern denn die Bestrahlungen?", fragte ich. „Sechs Wochen." „Was?" Der erste Schock.

Im Arztbrief der Charité stand doch nur etwas von zwei, drei Bestrahlungen. Klasse, wenn eine Onkologin weiß, wie viele Bestrahlungen jemand bekommt, obwohl das nicht einmal ihr Fachgebiet ist.

„Wann kann der Port raus?", erkundigte ich mich.

Also sie würde ihn noch zwei Jahre drin lassen, man weiß ja nicht, ob der Krebs zurückkommt, wir könnten ja die Daumen drücken.

„Wir drücken keine Daumen, wir beten", antwortete ich fassungslos.

„Wie lange muss ich denn die Bauchwandbinde tragen?"

Ihre Antwort: „Ein Leben lang. Sie kann man nicht operieren, das wäre für Sie lebensgefährlich, außerdem müssen Sie dafür sorgen, dass Sie jeden zweiten Tag weichen Stuhlgang haben, sonst könnte es weiter reißen."

Ich bekam keine Luft mehr. Ich bin doch keine Maschine! Wie ich das anstellen sollte, sagte sie nicht. Die Angst kroch in mir hoch. Franz merkte, dass ich immer weißer wurde. Heute noch ärgert er sich, das Gespräch nicht sofort abgebrochen zu haben. Nicht nur, was die Ärztin sagte, sondern auch wie eiskalt sie mir das alles sagte, einer Patientin, die todmüde war und vollgepumpt mit den Medikamenten der Chemotherapie.

Dann erklärte sie mir, ich könnte die Nachuntersuchung bei ihr machen oder bei meiner Gynäkologin oder bei meinem Hausarzt. Aber dreimal müsste ich auf jeden Fall noch zum Blutabnehmen kommen.

„Was machen sie denn bei der Nachuntersuchung?"

„Sie nehmen Blut ab und dann entscheiden sie, wie es weitergeht."

Zuerst müsste noch ein CT-Termin gemacht werden. Alles andere prallte an mir ab, ich hörte ihr nicht mehr zu. Ich verstand gar nichts. Nicht ein Satz war dabei, der mir Mut gemacht hatte.

Wie in Stockstarre verließen wir die Praxis. Wir stiegen ins Auto und schauten uns entsetzt in die verweinten Augen. Auch Pfarrer Franz weinte. Statt einem Menschen Mut zu machen, hatte diese Ärztin mir jegliche Hoffnung genommen, gesund zu werden. Ich hatte eine Sieben-Stunden-OP überstanden, wieso wäre es gefährlich, den Bauchwandbruch zu operieren? Verzweifelt schrieb ich Dr. Sehouli, „dass alles umsonst gewesen war". Er war sehr betroffen, als er merkte, wie schlecht es mir gerade ging, und rief mich zurück, um mich zu beruhigen. Er hatte ein Buch geschrieben mit dem Titel: „Von der Kunst, schlechte Nachrichten gut zu überbringen". Kein Wunder also, dass er mitfühlen konnte, was ein solches Gespräch selbst bei einem positiven Menschen wie mir bewirken konnte. Er verstand es, mir erst mal die Ängste zu nehmen. Natürlich würde er mir den Bauchwandbruch operieren und auch mit dem Strahlenarzt sprechen. Was hätte ich nur ohne Dr. Sehouli gemacht?

Pfarrer Franz fuhr extra langsam, damit ich mich wieder fassen konnte. Ich lächelte schon wieder. Aber die Worte der Ärztin hatten sich tief in meine Seele gebrannt. Jetzt war ich so lange ein tapferer Feigling gewesen. Nach ein paar Tagen erkannte ich, wie dumm ich gewesen war. Ich hatte den Worten der Ärztin Macht über mich gegeben. Wozu weiterkämpfen? Meine Seele war so tieftraurig und zugleich aufgewühlt worden, weil ich das zugelassen hatte.

Danke, Gott, dass du mich da rausgeholt hast. Als ich es erkannte, bat ich Gott um Verzeihung. Der Böse hatte es geschafft, mir durch die Worte der Ärztin alle Hoffnung zu nehmen. Ich hatte einem Menschen anstatt Gott die Macht über mich gegeben. Sein Geist lässt nicht verzweifeln, er führt zur Umkehr, schenkt Frieden. Führt immer zurück in seine

Arme. Er hat mich bis hierher getragen. Er wird mich auch weiter tragen.

Ich habe gelernt: Es ist wichtig, immer eine zweite Meinung einzuholen! Das Gedankenkarussell zu stoppen. Zu beten, zu vertrauen. Darüber zu reden. Als ich an meinem Tauftag heimkam, wartete eine riesengroße Überraschung auf mich. Der Rest dieses schrecklichen halben Tages wurde verwandelt in etwas Herrliches. Nun bin ich dankbar, auch das erlebt zu haben, weil ich weiß, wie viel Schlimmes sich Menschen da draußen anhören müssen. Wie unsensibel, unachtsam, gefühlskalt oder unbedacht Worte geäußert werden, die eine Krankheit auslösen, verschlimmern oder wiederbringen können. Wenn die Seele leidet, wird der Körper krank! Ich durfte durch dieses Erlebnis lernen, meinem Gehirn beizubringen, nicht am Schweren, Schlimmen hängen zu bleiben. Sondern auch das Gute zu sehen, das dieser Tag geschenkt hat. Etwas Bezauberndes. Großartiges.

Ich kann verstehen,
wie schwer das alles für dich ist,
vor dem großem Weg, der vor dir liegt,
wie du nun erschlagen bist.

Je schlimmer du deine Situation bewertest,
desto schlimmer fühlt es sich im Innern an,
aus deinem Schmerz heraus beurteilt,
werfen dich Kleinigkeiten aus der Bahn.

Aber weißt du was?
Versuche nur, einen halben Tag durchzustehen.
Neben schweren gibt es schöne Momente jeden Tag,
um glücklich weiterzugehen.

7. „Ich will trotzdem leben!"

Statt mich auf die Defizite zu konzentrieren, die eine Krankheit mit sich bringt, wollte ich meinen Blick auf die Möglichkeiten richten, die sich dennoch oder gerade durch die Krankheit auftaten. Und Gott schenkte mir eine Menge Ideen, ja unfassbar viele Möglichkeiten, das Beste daraus zu machen.

Genauso wie ich die große Operation erstaunlich gut überstanden hatte, hat mein Körper auch die Chemotherapie überraschend gut vertragen. Ich hatte entgegen meiner Befürchtungen keine Übelkeit, das war wohl das größte Geschenk. Auch wenn ich während der Monate der Therapie keinen Schluck grünen Tee trinken konnte, der so gut sein soll bei Krebs. Wir tranken vorher 26 Jahre lang jeden Morgen grünen Tee. Jetzt konnte ich ihn nicht mehr riechen. Und vor meinem geliebten Naturjoghurt ekelte ich mich, dafür genoss ich Früchtejoghurt, den ich vorher nie mochte.

Die Neuropathie an den Füßen war am Ende sehr unangenehm, eine Art Ameisenkribbeln unter den Füßen und ich lief mit pelzigen, tauben Füßen herum. Aber auch das legte sich. Von Termin zu Termin steigerte sich die Müdigkeit und Erschöpfung, mein Körper leistete unvorstellbare Schwerstarbeit. Gegen 18 Uhr fing das Gähnen an. Oft schlief ich beim Abendessen mitten im Satz ein. Was soll's. Ich brachte meine Gemeinschaft damit zum Lachen. Sie schalteten das Licht aus und ich erwachte. Auf der Toilette schlief ich ein oder selbst an der Bettkante. Ich war einfach nicht imstande, die Augen aufzuhalten. Also wurde der Schlaf mein Freund. Ich erlaubte mir zu schlafen.

Vor Weihnachten 2020 hatte ich schon begonnen, mit dem Rollator das Laufen wieder zu erlernen und die Treppe in den ersten Stock zu besteigen. Was für eine Anstrengung. Freudentränen und Glücksmomente. Wir warfen uns meinen alten Basketball zu. Als der Port eingepflanzt war, ging das nicht so gut. Also wurden andere Übungen gemacht. Die Runde in unserer Ringstraße im Dorf war genau fünfhundert Meter lang. Anfangs musste ich mich sehr oft setzen. Am Ende schaffte ich die ganze Runde mit Stöcken. Und als unsere Dorfstörche Nachwuchs bekamen, übten wir gemeinsam. Sie das Fliegen und ich das Laufen. Wir spornten uns gegenseitig an.

2021, das Jahr meiner Krebserkrankung mit Chemotherapie und Bestrahlung, Reha und erneuter Operation des Bauchwandbruches, war nicht nur hart und tränenreich. Es war auch ein Jahr voller wunderschöner, verrückter und herrlicher Ereignisse. Im Februar fragte mich meine liebe Lektorin Petra Hahn-Lütjen vom Brunnen Verlag, ob ich mir vorstellen könnte, eine Weihnachtsgeschichte für ihr Weihnachtsbuch zu schreiben, viele bekannte Autoren trugen eine Geschichte dazu bei. „Wenn der Heilige Geist mir eine schenkt", sagte ich, „dann gerne."

Ein paar Tage später lag ich in meinem Krankenbett und schaute in den blauen Himmel. Und was soll ich sagen. Plötzlich war sie da. Ich entwickelte sie in nur ein paar Minuten. Ich rief Petra zurück und erzählte sie ihr. Auch sie war sofort entzückt davon. Es dauerte wieder ein paar Tage, während ich im Wintergarten saß und sie niederschrieb. Lange sitzen ging noch nicht so gut. Aber was ich da in nur wenigen Tagen auf das Papier zaubern durfte, war für mich selber eine solche Freude und ich gab ihr den Titel „Malek und der König im Scheinwerferlicht". Gott hatte sie mir geschenkt. Lebensfreude. Pure Lebensfreude für mich. Danke, Heiliger Geist.

Im März 2021 erschien das Buch „Glaubwürdig" von

Günther Klempnauer, einem der erfolgreichsten christlichen Journalisten. Darin hat er 25 Jahrhundertzeugen über Gott in ihrer Welt interviewt. Von Carl Friedrich von Weizsäcker bis hin zu Peter Scholl-Latour und ich war auch dabei. Ich konnte es nicht fassen. Was für eine unglaubliche Ehre. Er hatte mich Anfang Oktober 2020 angerufen, weil mein Vortrag in seiner Nähe wegen des Lockdowns abgesagt wurde, als ich gerade die furchtbare Diagnose vom Gebärmutterkrebs erhalten hatte. Wir redeten lange über meinen Glauben und dass ich auch jetzt an der atemberaubenden Liebe Gottes festhalten wollte. Er verfolgte meinen Krankenweg dann auch auf Facebook mit.

So viele freuten sich für mich. Als dann noch mein schönster Gebetsschatz „Gott ist verrückt nach dir" erschien, spürte ich, dass mein Herz und meine Seele wieder Mut bekamen, jeden Tag mehr zu wagen. Ich durfte meine Bücher wieder mit Liebe verschicken und meine vielen Fans schickten mir Bilder mit meinem Büchlein in der Hand, eine Welle der Liebenswürdigkeit, um mir Mut zu machen. Es war so herrlich zu leben. Ich war nicht vergessen worden. Ich kämpfte mich zurück.

Kein Tag verging, an dem ich nicht morgens und abends meine Ermutigungstexte und Postings für die Menschen schrieb. Es waren inzwischen Tausende, die sich über jeden neuen Fortschritt mit mir freuten und mit mir den schweren Weg gegangen waren. Vor allem die Gebete meiner Gebetsgruppe und der vielen Menschen trugen mich jeden Tag. Es erreichten mich Videos aus verschiedensten Gemeinden über alle Konfessionen hinweg, wo für mich gebetet und gefastet wurde. Ich kann nur von tiefstem Herzen Danke sagen. Es waren Hunderte von Briefen, Karten, Päckchen, Nachrichten oder Mails. Ich freute mich über jedes Einzelne, aber allen antworten konnte ich einfach nicht.

Kleine nette Karten oder Blumengrüße erfreuten mein Herz. Vor allem der erste Blumengruß noch in der Untersuchungswoche vom Brunnen Verlag in die Charité. Lange Briefe oder ganze Bücher zu lesen war noch zu viel für mich. Was haben sich die Menschen nur alles für mich ausgedacht. Man schickte mir sogar eine Magnum-Champagnerflasche aus Südtirol ins Krankenhaus zum Erstaunen der Schwestern. Ich war so gerührt, habe sie aber dann den lieben Schwestern meiner Station dagelassen. Aus der Schweiz kam ein mit Gas gefüllter Herzluftballon. Als das riesige Paket in meinem Krankenzimmer geöffnet wurde, flog er an die Decke und verschönerte jeden Tag meinen Aufenthalt.

Ein Metzgerlehrling, der Sohn einer Freundin, stellte sogar eine Wurstdose her. Leider dauerte es etwas, bis ich sie essen konnte.

Die Anteilnahme war überwältigend. Meine großartige Freundin Carola hatte ein großes Päckchen mit unzähligen Briefen für mich organisiert und Jung und Alt hatten mir aus den Gemeinden geschrieben und Mut gemacht. Anrufe erfreuten mich ebenso. Wie kann ich den Menschen all diese Liebe nur vergelten? Ich konnte nur für sie alle beten. Ich vergesse das sicher nie mehr in meinem Leben.

„Teresas Bär hilft"

Als ich an meinem Tauftag, direkt nach meiner letzten Chemo, nach Hause kam, wartete die Riesenüberraschung auf mich. Ein 2,40 Meter großer Teddybär saß im Wintergarten. Ich war sprachlos. Aus Tränen wurden Freudentränen. Ich knuddelte den Bären und überschlug mich vor Freude. Natürlich postete ich die Überraschung. Am Abend trugen ihn meine Mitschwestern in mein Bett, aber da hatte ich keinen Platz mehr. Wie lachten wir und platzierten ihn erst mal auf dem Sofa. Der wundervolle Riesenbär lachte mich mit seinen Kulleraugen an und ich lachte aus meinem Krankenbett zurück.

Da war er wieder, dieser GEDANKE, und ich erklärte Franz, dass ich eine Idee hätte. Der Bär ist so wunderschön, aber ich könnte ihn ja nicht mal hochheben. Wie wäre es, wenn wir den Bären verlosen würden? Wer eine Spende für die „Initiative mit Krebs leben e. V." von Dr. Heidi Massinger-Biebl im Bayerischen Wald machen würde, könnte den Bären gewinnen. Denn schließlich verdanke ich meiner einzigartigen Freundin die Vermittlung zu Dr. Sehouli. Sie war Tag und Nacht für mich da. Ein Trost, wann immer ich sie brauchte! Drei Wochen sollte die Aktion laufen und dann würden wir den Gewinner des Bären live über Youtube ziehen.

Da fiel Pfarrer Franz wohl ein Stein vom Herzen, denn jetzt erzählte er mir, was passiert war. Er hatte eigentlich die Firma Steiff heimlich angeschrieben und ihnen meine Situation erklärt und angefragt, ob sie einen großen Bären hätten, vielleicht ein Ausstellungsstück, den sie ihm zu einem Sonderpreis verkaufen würden. Vier Wochen lang hatte er keine Antwort bekommen. Dann kam ja die Woche meines Tauftages und der letzten Chemo. Also musste er doch einen Bären besorgen, weil er mir ja eine Überraschung versprochen hatte. Und statt 1,40 Meter anzukreuzen, wurde das 2,40-Meter-Feld bei der Bestellung online bei einer anderen Firma angekreuzt. Wir lachten. „Aber heute, eine Stunde vor Ende deiner Chemotherapie, hat die Firma Steiff zurückgeschrieben, dass sie dir einen Bären schenken würden!" Wie wundervoll. Na, dann kann ich den großen wirklich von Herzen gerne weggeben.

Meine Communities waren großartig. Jeden zweiten Tag veröffentlichte ich die steigende Spendensumme. Nach drei Wochen waren 18 000 Euro zusammengekommen. Die liebe Sybille von der Initiative hielt mich ständig auf dem Laufenden und die Namen aller Spenderinnen und Spender druckte Schwester Claudia nach drei Wochen aus und ich faltete sie und legte sie in die Losbox. „Schwester Teresas Bär hilft." Dank der Berichterstattung in der lokalen Presse, wie zum Beispiel in „Der fränkische Tag" und der „Passauer Neue Presse", und der vielen Follower, die die Aktion teilten, kam diese unglaubliche Summe zusammen. Meine Freude war überwältigend. Jedes Jahr wurden über 2000 Krebserkrankte durch Dr. Heidi und ihr Team kostenlos beraten. Wie nötig Beratung und Hilfe waren, hatte ich am eigenen Leib erlebt. Und durch Corona kamen immer weniger Spenden, da die Initiative keine Veranstaltungen machen konnte.

Ich bat einen tüchtigen Helfer aus unserer Gemeinde, der sich mit Videoübertragungen auskannte, uns zu helfen. Am Sonntag, dem 16. Mai 2021, am Nachmittag war es schließlich so weit. Unser lieber Bürgermeister aus Weisendorf war mit dabei und Pfarrer Franz gab den Segen. Meine Mitschwestern sangen und spielten Keyboard und Dr. Heidi wurde aus dem Bayerischen Wald zugeschaltet. Und ich? Ich saß glatzköpfig neben dem Riesenbären, strahlte und zog die Gewinnerin.

Es gab auch Trostpreise: Bücher von mir und das großartige Buch „Marrakesch" von Dr. Sehouli, das er mir zur Verfügung stellte.

Der Bär trat seine Reise nach Worms an. Eine ganz, ganz glückliche Schwester Teresa hatte sich am meisten beschenkt. Mit neuem Lebensmut und dem Ansporn, noch viel mehr Gutes zu tun.

Es ist so hilfreich, aus dem eigenen Labyrinth der Gedanken herauszukommen und nicht in Selbstmitleid zu versinken. Es tut einfach gut, für andere da zu sein. Andere zu beschenken, hilft dem eigenen Körper und der Seele. Bei denen, die geben werden Glückshormone freigesetzt und der Anteil der Stresshormone sinkt.

Überraschungsanrufe am Muttertag

Für den Muttertag hatte ich mir eine ganz besondere Aktion ausgedacht: Es war mir eine Ehre, alle Mütter anzurufen und ihnen zu gratulieren. Ich lag doch im Bett und hatte nichts zu tun. Als ich die Aktion ankündigte, bekam ich sofort Mails und Nachrichten. „Meine Mama ist so ein Fan von Ihnen, das würde sie sicher erfreuen." Also stellte ich einen Plan auf, nachdem ich mich erkundigt hatte, um welche Zeit ich anrufen konnte. Von 8 Uhr früh bis um 20 Uhr rief ich alle Viertel- oder halbe Stunde die Mamas am Muttertag an. „Ist da die allerliebste Mama auf der Welt?", fragte ich. „Hier ist Schwester Teresa." Die Reaktionen rührten mich so sehr. „Die Schwester Teresa?" Hinterher erfuhr ich nochmals durch die Kinder und Angehörigen, wie viele Menschen ich glücklich machen durfte. Von Hamburg bis Bozen.

Es war wunderbar. Eine ältere, sehr gläubige Dame rührte mich zu Tränen. Sie leide seit 30 Jahren an Schmerzen. „Aber ganz ehrlich, Schwester. Wenn ich wählen könnte zwischen Gesundsein und keinen Glauben haben, würde ich immer den Glauben wählen." Ich war wirklich ergriffen. Ich wäre inzwischen ohne meinen Glauben nicht fähig, einen Tag zu überstehen, dachte ich.

Sich an Kleinigkeiten erfreuen

Schon vor meiner Erkrankung war jeder Tag ein Geschenk für mich. Wenn ich die Augen aufschlug, dachte ich so oft: „Heute wird der schönste Tag in meinem Leben." Ganz gleich, welche Schwierigkeiten vor mir lagen oder welches Pensum es zu erledigen gab. Ich freute mich an Gottes Überraschungen. ER war da und IHM vertraute ich mich jeden Morgen an. Jetzt gab es aber keine stundenlangen Fahrten zu den nächsten Vorträgen mehr, mein Radius war sehr klein geworden. Mein Krankenbett, der Weg zum Wintergarten oder die Runde in der Ringstraße oder zum Karpfenweiher. Wegen Corona hatten wir auch keine Besuche. Wegen meiner Krankheit hatte ich eine schlechte Immunabwehr und gehörte deshalb zur Hochrisikogruppe. Auch Franz war besonders gefährdet wegen seiner Blutarmut. Nur mein lieber Hausarzt und meine Gynäkologin besuchten mich und jeden zweiten Tag kam eine Caritasschwester.

Die Fahrten zur Chemotherapie waren die einzigen „Ausflüge". Aber dennoch fand ich jeden Tag etwas zum Freuen. Pünktlich gegen 16 Uhr, wenn wir im Wintergarten Tee tranken, kamen zwei Raben in unseren Garten. Ich hatte sie Valentin und Valentina getauft. Es war so schön. Anfangs war auch das Teetrinken im Wintergarten eine Riesenanstrengung für mich. Pfarrer Franz las mir aus Büchern vor und wir plauderten. Dann ging es zurück ins Bett, denn egal, was ich tat, ich wurde schnell müde.

Zweiundzwanzig Schritte waren es vom Bett zur Toilette. Da ich jeden Tag zwei Liter Wasser trinken musste, damit mein Körper die Chemo besser vertrug, habe ich sicher inzwischen den Landesrekord im „Blase entleeren" geschafft.

Aber immer dachte ich mir etwas Schönes aus. Ich überraschte Facebook-Freunde mit Geburtstagsanrufen oder schrieb kleine Grüße an unzählige Freunde. Höhepunkte waren die gemeinsamen Gottesdienste oder der Kommunionempfang in meinem Krankenzimmer. Wie lieb war meine Gemeinschaft! Und ich hatte eine Menge Zeit zum Beten.

Etwas Abwechslung brachten die Fernsehgottesdienste und die Natursendungen auf Arte. Wie schön war es, diese herrliche Welt anzuschauen, die Tiere, die fremden Länder. So viele hatten wir bereist, aber noch viel mehr gab es anzuschauen. Unterhaltsam waren auch die vielen Kochsendungen. Ich staunte, wie viele es da gab. Es war ein Vergnügen, denn immer konnte man was Neues lernen. Oh, wie genoss ich die Fußballeuropameisterschaft oder die Olympiade und fieberte mit unseren Sportlern mit. Ich interessierte mich für alles und es war so schön, so wunderschön zu leben.

Lebensfreude trotz Chemotherapie neu entdeckt

Für jeden Krebspatienten oder jede Krebspatientin wird das Thema Ernährung zu einem wichtigen Bestandteil im Genesungsprozess. Natürlich will man sich gesund ernähren. Während der Chemotherapie soll man ja auch nur das essen, was einem bekommt. Aber das ist für viele ein ganz schwieriges Kapitel. Viele leiden an Geschmacksveränderungen. Riechen und Schmecken ist für viele eine Herausforderung. Ich hatte mich tagelang durch die Krebsliteratur gelesen und vieles war für mich ja nicht neu. Ich wusste, dass Krebs keine Himbeeren mag oder wie wichtig Gemüse ist. Wir hatten immer frisch und abwechslungsreich gekocht. Ich liebte ja schon immer das Kochen und viele Kochbücher füllen meine Schränke. Leider kam ich durch die Vortragstätigkeit der letzten Jahre nicht mehr oft dazu, aber wenn ich zu Hause war, bereitete ich für meine Lieben immer etwas Schönes zu.

Für alle Kranken haben gesunde, ausgewogene und schmackhafte Mahlzeiten einen besonderen Stellenwert. Sie steigern die Lebensqualität. Wenn meine Mama da war, probierten wir Neues aus, vor allem, was wir noch nie selbst gekocht hatten. Von der japanischen Miso-Suppe bis zu Gyoza, gefüllte Teigtaschen mit Spinat oder Garnelen. Das weckte so sehr meine Lebensfreude, dass ich es schaffen wollte, auch Gemüse nicht nur gesund, sondern so schmackhaft zu machen, dass selbst unser Mann im Haus, Pfarrer Franz, mehr davon essen wollte. Donnerstags war „Herrentag" – da bekam er sein Fleisch und Klöße oder was er liebte –, den Rest der Woche gab es herrliche neue und fleischlose Gerichte. Wenn es mal Fleisch gab, dann Huhn und Lamm oder eben viel Fisch, den ich in allen Varianten liebe.

Als ich die ersten Fotos von meinen Gerichten dem lieben Doc Sehouli schickte, war er begeistert. Jeden Tag probierte ich etwas Neues, Gesundes aus. Rote-Beete-Hummus, Sommerrollen, Zucchinipuffer oder Thunfisch-Sashimi.

Aber wie schaute ich, als mir mein inzwischen ans Herz gewachsener Doc Sehouli seine Gerichte schickte. Ich wusste ja nicht, dass er auch Hobbykoch war und für seine Familie am Wochenende kochte. Seine marokkanischen Gerichte faszinierten mich. Und so kaufte ich eine Tajine, einen marokkanischen Schmortopf. Vor allem die Vielzahl der Kräuter, wie Ingwer, Knoblauch, Kreuzkümmel, Koriander, Kurkuma, frische Minze, Salbei. Natürlich kannte ich diese Gewürze. Aber in der Kombination, mit der sie zusammengestellt wurden, das war neu für mich und das Wundervollste: Sie taten mir und meinem Körper unglaublich gut. Also wollte ich alle seine marokkanischen Gerichte ausprobieren. Er staunte, dass ich mich sogar an das Königsessen herantraute: Bastillas, gefüllte Filoblätter mit Kräutern, Huhn oder Fisch mit Meeresfrüchten. Wir warfen uns die Bälle zu und diskutierten über Achtsamkeit und Lebensfreude, über Genuss und Medizin. Nach jeder Chemotherapie brannte mein Körper vor Hitze. Also fing ich an, Himbeeren mit Minze, Ingwer, Zitronensaft und etwas Agavensaft zu füllen und einzufrieren. Es war herrlich kühl im Mund, sie zu lutschen, und wenn man sie kaute, war es eine Geschmacksexplosion. Es dauerte nicht lange, bis mein Freund und ehemaliger Lektor vom Herder Verlag, Simon, der inzwischen Geschäftsführer ist, mit Dr. Sehouli und mir eine Zoom-Konferenz hielt und uns ermutigte, ein Kochbuch der Lebensfreude zu machen. Schließlich waren wir ja beide auf unsere eigene Art „Heiler". Wir hatten das selbst schon überlegt.

Es sollten aber nicht nur gesunde Rezepte in dem Buch stehen, sondern auch meine ermutigenden Texte. Dr. Sehouli wusste sofort, dass er medizinische Texte schreiben wollte, um viele falsche Mythen der Medizin aufzudecken. Auch meine Freunde und meine Caritasschwestern wurden von meinem Kochfieber angesteckt und wollten gleich die Rezepte haben. Ich kann gar nicht beschreiben, welche unglaubliche Lebensfreude mir das Ausprobieren oder Erfinden neuer Gerichte machte. Wie gerne roch ich an den Lebensmitteln, probierte aus, schmeckte ab, kochte, dekorierte sie und machte Fotos davon. Mit unseren beiden Engeln im Haus, Vanessa und Doris, wurde die Küche zu einem Experimentierfeld. Ich dankte Gott für jede Traube, Käsescheibe, Spargelstange oder Fenchelknolle. Er hatte das alles für uns erschaffen. In allem waren Gottes Gene. Die Fülle an irdischen Früchten und Gemüsesorten war nicht zu begreifen. „Ob ihr esst oder trinkt, tut alles zur großen Ehre Gottes", schrieb der Apostel Paulus in 1. Kor 10,31 und das tat ich von ganzem Herzen. Ich gab jeden Tag mein Bestes, um Gott Ehre zu machen, wenn ich seine Gaben mit viel Liebe für meine Gemeinschaft zubereitete. Ich kam aus dem Staunen nicht mehr heraus. Wir hatten den Garten Eden verloren, aber seinen Reichtum hat er uns gelassen. Was für ein guter Gott. Es gab jeden Tag so viel zu lachen, zu machen, zu forschen. Ich blühte auf und immer neue Ideen purzelten aus mir raus. Es war eine beglückend schöne Zeit.

Wie schön ist es zu leben.
Du kannst plötzlich tiefer sehen.
Du hörst mehr leise Töne.
Du kannst dich nicht genug satt schnuppern.
Du schmeckst die Aromen wie nie zuvor.

Über deine früheren Sorgen schmunzelst du.
Die größten Probleme sind mikroskopisch
zusammengeschrumpft.
Manches hat eine nie gekannte Bedeutung verloren.

Deine wahren Freunde haben sich in dein Leben gemeißelt.
Erinnerungen sind dir noch lieblicher geworden
Du staunst, wie wenig du brauchst, um glücklich zu sein.

Und wie leicht es ist,
atemberaubend einfach,
die Welt zu verzaubern.

8. Unterwegs ins normale Leben

Nach beendeter Chemotherapie steht ein ganz wichtiger Termin für jeden Kranken auf dem Programm. Die Computertomographie, kurz CT. Dabei wird der Körper durchleuchtet, um zu prüfen, ob die Therapie wirksam war. Ich hatte einen sehr netten Arzt bekommen, der früher selbst Leichtathlet war wie ich. Wir verstanden uns sofort und auch das Personal war megafreundlich. Ich musste eine Menge Kontrastmittel trinken und mich in die Röhre legen. Es dauerte ein paar Tage, bis das Ergebnis da war. Am 20. Mai 2021, drei Tage vor dem Pfingstfest und Gründungsfest unserer Gemeinschaft, kam das ersehnte Schreiben. Ich schickte den Befund sofort an Dr. Sehouli und meine liebe Dr. Heidi. Die werden mir schon sagen, was Sache ist. Fast gleichzeitig trafen die Rückmeldungen ein. Dr. Sehouli rief sogar persönlich an. „Du bist krebsfrei!" Die glatzköpfige Schwester Teresa weinte und tanzte und flippte aus. Und Dr. Heidi schrieb über WhatsApp: „Du bist gesund und munter!"

„Oh, mein guter, guter, wundervoller Gott. Was für eine unsagbare Freude. Ich hatte alles, alles überlebt und ich durfte weiterleben!" Dass ich den Rest des Tages mit viel Wasser trinken und mit Durchfall durch das Kontrastmittel auf der Toilette verbrachte, war diesmal ein Vergnügen. Und wie flippten meine Community und die Gebetsgruppe aus. Von Herzen bedankte ich mich wieder und wieder für die Anteilnahme und das Gebet für mich.

Wir feierten an diesem Pfingstfest wahrlich einen Dankgottesdienst. Der Heilige Geist hatte so oft eingegriffen. Seine wundervollen „GEDANKEN" oder Eingebungen haben mich getragen und gerettet. Immer wieder und immer wieder neu. Ich glaube, ich war der glücklichste Mensch auf der ganzen Erde.

Am Pfingstmontag jedoch hatte ich meine liebste Freundin Carola am Telefon. Sie lag seit ein paar Wochen mit Diagnose Darmkrebs in der Klinik. Sie sagte, sie muss es mir sagen, wollte uns aber das Pfingstfest nicht verderben. Sie wird es nicht schaffen und wird sterben. „Ich weiß, wo ich hingehe, Teresa, ich will nur noch nach Hause und die letzten Wochen mit meiner Familie verbringen. Die Ärzte wollen dafür sorgen, dass ich, so gut es geht, schmerzfrei in den Tod gehe." Mir stockte das Herz. Ich weinte bitterlich. „Wie kann ich mich noch freuen, krebsfrei zu sein, wenn du sterben musst?" Doch sie ermutigte mich. „Du musst dich freuen, dafür haben wir alle gebetet. Die Welt braucht dich." „Und dich erst", schluchzte ich.

Carola war die gute Seele der Pfarrei, ein Vorbild an Engagement und Tatkraft. In allem hatte sie mich unterstützt und war offen für alles Neue. Nichts war ihr zu viel. Eine große Dienerin Gottes. Mein Gott, wie sollen die Menschen das verstehen? Wir hatten noch so viel Gemeinsames vor. Freud und Leid kamen an diesem Tag zusammen.

Die nächsten Tage traute ich mich nicht, mich zu freuen. Der Kummer um Carola zerriss mir das Herz. Aber sie bestand darauf. „Jetzt erst recht! Ich werde den Himmel schon aufmischen." Ja, das wirst du, liebste Carola.

Als sie verstarb, war ein unglaublicher Regenbogen am Himmel zu sehen. Ein Zeichen für Gottes Zusage. Sie war zu Hause. Natürlich trauerte die ganze Gemeinde und weinte um ihre geliebte Carola. Sie hinterließ eine unendliche Lücke. Ich konnte sie gehen lassen, denn eines wollte ich auf keinen Fall: Jemanden, den ich liebte, mit Schmerzen so leiden zu sehen. Ich war gewiss, sie würde vom Himmel her weiter für ihre geliebte Pfarrei sorgen.

Bestrahlungen und die erste Nachuntersuchung

Im Juli sollten die Bestrahlungen stattfinden. Wie versprochen hatte Dr. Sehouli mit dem zuständigen Professor im Vorfeld gesprochen und nach unserem Gespräch mit ihm stand fest: Ich bräuchte nur drei kurze Bestrahlungen, die innerhalb von zwei Wochen durchgeführt werden sollten.

Gott schenkte mir einen wirklich sehr einfühlsamen, älteren Professor. Er merkte, dass ich noch von der Chemotherapie belastet war. Ich ließ mir genau alle möglichen Nebenwirkungen erklären.

Die erste Bestrahlung verlief gut, aber ich bekam kurz vorher Panik. Ich hatte ja noch nie eine Bestrahlung erlebt. Ich lag schon in der Röhre. Eine Ärztin hatte die Bestrahlungsinstrumente sehr einfühlsam in mich eingeführt. Immer wieder fragte ich nach, wie lange die Bestrahlung dauern würde. Es hieß ja immer: nur ganz kurz. Bevor alle den Raum verließen, wurde mir gesagt, wie viele Sekunden es wären. „Wie viele Minuten sind das denn?", erschrak ich. „Das könnte ich jetzt ja ausrechnen." Was? Nein, ich strengte mich an, aber ich schaffte es nicht, das waren ja mehrere Minuten. Ich schrie: „Stopp. Halten Sie an!" Das Personal stürmte herein und versuchte, mich zu beruhigen. Aber es gelang ihnen nicht. Ich hatte tatsächlich eine Panikattacke. Weinte und bekam keine Luft. Dann wurde der Strahlenarzt gerufen. Ich war davon ausgegangen, dass „kurz" nur ein paar Sekunden wären. Er antwortete: „Nein, wer hat Ihnen das gesagt? Es sind drei Minuten." Aber wenn ich es nicht möchte, könnten wir immer noch abbrechen. Die Bestrahlung war ja nur freiwillig.

Pfarrer Franz wurde gerufen. In aller Ruhe erklärte der nette Professor uns noch mal alles und dafür war ich ihm unendlich dankbar. „Gott, hilf mir!", betete ich. „Okay, ich mache es." Ich wollte doch alles Menschenmögliche tun, damit auch wirklich alle Krebszellen, sollten welche vorhanden sein, vernichtet werden. Ich beruhigte mich und die Geräusche in der Röhre erinnerten mich an „Star Wars", wovon ich als Kind ein großer Fan war. Das brachte mich zum Schmunzeln.

Auf der Heimfahrt schrieb ich Dr. Sehouli, was passiert war, und ich schämte mich. Jetzt hatte er mit diesem netten Arzt alles wegen mir besprochen und der Strahlendoktor hatte mir im Vorfeld ja auch alles erklärt, und dennoch war ich panisch geworden. Ich hatte einfach vergessen zu fragen, was „KURZ" genau bedeutet.

Aber so ist Dr. Sehouli. Er meinte, dass ich mich nicht schämen brauche. Er würde darüber mal ein Aufklärungsvideo machen und genau erklären, wie das abläuft und wie lange eine Bestrahlung geht. Wir alle hatten etwas gelernt. Ich schäme mich nicht mehr dafür. Nun habe ich auch am eigenen Leib erlebt, was eine Panikattacke ist. Dafür braucht sich wirklich niemand zu schämen. Jetzt erst recht, nahm ich mir vor, zukünftig noch detaillierter zu fragen.

Einmal begleitete mich meine liebe Freundin Manuela zur Behandlung und beim letzten Mal meine Mama und Pfarrer Franz für das Abschlussgespräch. Der Professor und ein weiterer Arzt erklärten mich für gesund! Niemand könne wissen, was in einem Jahr oder in drei Jahren wäre. Aber im Moment sei es so.

Anschließend sprachen wir noch über meinen geplanten Aufenthalt in der Rehaklinik, der schon beantragt war. Ich wusste ja schon, wo ich hinwollte, nämlich in die onkologische Reha der Dr.-Schedel-Klinik im Bayerischen Wald in die Nähe meiner lieben Dr. Heidi.

Ein paar Wochen lang spürte ich noch die Folgen der Bestrahlung. Darauf hatten sie mich vorbereitet und gesagt, es könnte beim Wasserlassen brennen, wenn ich nicht genug getrunken hatte. Aber auch das war bald überstanden.

Keine größere Freude konnte mir Dr. Sehouli machen, als er mir mitteilte, dass er selbst meine Nachuntersuchungen durchführen würde. Und weil die erste Untersuchung im Juli fällig wäre, würde er mir auch gleich den störenden Port herausoperieren. „Aller Ballast muss weg", meinte er und das war er auch. Eine Krebspatientin muss in den ersten drei Jahren alle drei Monate und dann weitere zwei Jahre halbjährlich zur Nachuntersuchung.

Er hatte noch eine Überraschung für mich, wenn ich für die Untersuchung nach Berlin komme. Ich wäre Ehrengast bei seinem Podcast und wir könnten gleich am ersten Tag am Spätnachmittag die Aufzeichnung machen. Wie freute ich mich. Dann am zweiten Tag den Port raus im OP mit lokaler Betäubung und eine Mammografie. Am dritten Tag schlug ich dann vor, gleich das Fotoshooting für das Cover für unser Kochbuch zu machen, bevor ich wieder heimfuhr.

Wie dankbar war ich Manuela, dass sie diesmal mit Pfarrer Franz und mit mir nach Berlin fahren konnte. Die beiden wurden wieder in das nahe der Charité gelegene Hotel einquartiert.

Wir fuhren also um 6 Uhr früh los, um pünktlich um 11 Uhr in der Charité zu sein. Einchecken und ein kurzes Gespräch mit der Stationsleitung. Dann ging alles hoppla hopp: Blutabnahme, Untersuchung von Dr. Sehouli, kurze Pause und dann ging's in den sehr schönen Aufenthaltsraum und in die Lounge. Ich lernte den lieben Karim Loreti von Brand Activation kennen, der unseren Podcast aufnahm. Natürlich waren Manuela und Pfarrer Franz bei der Aufzeichnung des Podcasts dabei. Sie waren begeistert von unserem Gespräch und ich war es auch und glücklich. Nachhören kann man das Gespräch auf allen Podcast-Seiten von WeissBunt.

Dann konnte ich mich ausruhen. Denn gleich früh am nächsten Morgen sollte der Port raus und auch eine Mammografie stand auf der Tagesordnung. Ich war für alles bereit. Alle staunten, wie viel ich abgenommen hatte und wie gut ich beieinander war.

Früh im OP entschied der Arzt, dass ich im Krankenbett liegen bleiben könnte. Wegen meinem Bauchwandbruch. Ich war dankbar. So wurde ich vorbereitet und als Dr. Sehouli in den OP stürmte, forderte er mich auf zu singen. Meine Güte, was soll ich denn jetzt singen? Also sang ich. „Verrückter Kerl", dachte ich. Dann sollte ich ihm etwas über Teresa von Avila erzählen.

Alles verlief tadellos und er verschönerte sogar meine Narbe. Den Port durfte ich mit nach Hause nehmen. Unglaublich, wie lang der Schlauch war. Die Mammografie konnte ich trotz der Narbe schmerzlos durchführen und am Abend wurde wieder gekühlt. Ich brauchte keine Tabletten. Halleluja.

Für das Fotoshooting am nächsten Tag bat ich Manuela, Gemüse mitzubringen. Sie hatte eine bessere Idee und brachte meine geliebte Wassermelone. Die Fotos waren eine Wucht. Einfach mit meinem Handy. Die letzten Aufnahmen machten wir noch vor dem Eingang der Frauenklinik. Wir sprachen uns noch kurz über das Konzept für das Kochbuch ab. „Auf Wiedersehen, Jalid. Danke für alles!", rief ich zum Abschied und dann ging's wieder die 400 km nach Hause.

Mein erstes Catering

Erst dachte ich wirklich, sie macht einen Scherz. Meine Gynäkologin und inzwischen Freundin Dr. Doris Ebert. Sie hatte damals bei meiner ersten Untersuchung das Myom entdeckt und wir hatten uns inzwischen angefreundet. Sie war so lieb, mich auch zu Hause gegen Corona zu impfen, schließlich war ich Krebspatientin und weil meine Leukozyten noch im Keller waren, gehörte ich zur Risikogruppe. Auch ihr schickte ich Fotos von meinen Gerichten. Das fand sie nicht so toll, weil sie dann immer ans Essen denken musste. Deswegen lachte ich laut, als sie mir aus ihrem Urlaub das erste Foto von einem Abendessen schickte. Da wir beide Humor haben, neckten wir uns gerne. Einmal provozierte sie mich und ich schickte ihr gleich zehn Gerichte hintereinander. Doch mit dieser Reaktion hatte ich nicht gerechnet. „Du könntest zu meinem Sommerfest beitragen", schrieb sie zurück. Jetzt verulkt sie mich, dachte ich wirklich. Aber sie meinte es ernst.

Ein paar Tage später war sie da und sie wollte einfach noch ein paar Tupfer zu ihrem Buffet, das sie hatte. Ich war so gerührt. So entstanden die herrlichsten Gerichte und alle im Haus halfen mit. Ja, es war viel zu organisieren, aber für meine Freundin wollte ich das machen. Sie hatte es mir tatsächlich zugetraut. Ich zauberte ihr gefüllte Datteln mit verschiedenen gerösteten Nüssen, Wassermelonensuppe, köstliche Sommerrollen, marokkanische Hühnerbeinchen, gefüllte Auberginen, eine pikante Hackfleischpfanne und saftige Fruchtspieße. Meine ganze Liebe legte ich hinein und auch wenn es mich körperlich anstrengte, es war herrlich. Es war Training. Ich entdeckte: Ich konnte wieder etwas leisten und ein Mensch hat mir es wirklich zugetraut. Und noch dazu etwas, was mir so viel Freude zurückbrachte. Ja, ich kann es. Ich kann es tatsächlich. Und so werde ich auch das Kochbuch mit meinem wundervollen Doktor schaffen.

Die Reha – ein Geschenk des Lebens

Das Ziel einer Reha-Maßnahme ist, die körperlichen und sozialen Folgen einer Krankheit zu beseitigen oder wenigstens zu mildern. Meine Reha war zwar bewilligt, aber erst war mir nicht wohl dabei. Es gab so viele Corona-Maßnahmen, an die man sich halten sollte. Aber Gott hat das Wunder vollbracht, dass auch Pfarrer Franz wegen seiner Bluterkrankung die Reha sofort bewilligt bekam. Wir konnten sie also gemeinsam machen. Und es durften Angehörige dabei sein. Schwester Claudia begleitete mich in der ersten Woche und in der dritten durfte mich meine allerbeste Freundin Maria aus Südtirol unterstützen. Sie schliefen bei mir und es war ein Fest des Wiedersehens.

Ich konnte nicht ahnen, welchen Schatz Gott sich für unsere Ärztin ausgedacht hatte. Dr. Sabine Rosenlechner ist Österreicherin und eine so liebevolle, verständnisvolle und begeisternde Ärztin. Schon nach dem ersten Gespräch hatte ich sie in mein Herz geschlossen. Ihren Satz werde ich nie vergessen: „Alle, die hierherkommen, haben viel Schlimmes mitgemacht, deshalb sollen sie hier nur noch Schönes erleben."

Sie erlaubte sogar, dass Dr. Heidi uns eines Abends besuchen durfte und dass ich in der Mitte der Reha meinen Vortrag für die „Initiative mit Krebs leben" in Waldkirchen halten durfte. Sie war einfach eine Wucht an Güte, genauso die großartigen Therapeuten. Aber das Allerallerschönste war das Schwimmbad. Dank meiner Bauchbinde durfte ich Rückenschwimmen. Da ich schon immer eine Wasserratte war, war es das allerbeste Training für mich. Anfangs schwamm ich zehn Bahnen. Am Ende der Reha vierzig! Wann immer das Hallenbad frei war, war Tereschen drin. Auch Franz erholte sich sichtbar. Das Essen war sehr gut, aber wegen den Corona-Maßnahmen lief alles sehr zügig ab. Das störte uns aber nicht. Ich lernte, wie ich mit meinem Bauchwandbruch am besten umgehen konnte. Dank eines Greifarms konnte ich vieles selbst machen. Im Oktober würde mein guter Dr. Jalid meinen Bauchwandbruch gemeinsam mit dem Spezialisten der Charité operieren und ein Netz hineinlegen. Auch das würde ich noch schaffen.

Comeback in Waldkirchen

In der zweiten Woche der Reha arbeitete ich meinen Vortrag aus. Dr. Heidi und ihr Team hatten mächtig Werbung dafür gemacht. Sybille, die mich zu Hause besucht hatte, nahm das Kochen der Snacks in die Hand, natürlich nach meinen Rezepten. So schnell hatte ich noch nie einen Vortrag ausgearbeitet. Die wichtigste Botschaft von „Wer nicht genießt, ist ungenießbar" war: „Bewusst leben. Nichts auf später verschieben. Der Tag, der vergeht, kommt ja nicht wieder. Wie man das Leben genießen kann. Egal ob es einem gut geht oder nicht, man gesund oder krank ist."

Es war so ein großer Moment für mich. Der Saal war voll. Wegen Corona waren große Abstände zwischen den Stühlen. „Es ist ein Wunder für mich, hier auf dieser Bühne zu sitzen. Ich habe nicht geglaubt, jemals wieder einen Vortrag vor Publikum halten zu dürfen." Hier hat alles begonnen. Hier habe ich zum 50. Geburtstag meiner lieben Dr. Heidi einen Vortrag gehalten. Hier bin ich Dr. Sehouli begegnet, ohne zu wissen, zu ahnen, für möglich zu halten, was Gott sich für ein Rettungspaket für mich ausgedacht hat.

Am Ende gab es viel Applaus und eine besondere Ehrung. Mir wurde die Urkunde der Ehrenmitgliedschaft für die „Initiative mit Krebs leben e.V." überreicht für die erfolgreiche Bärenaktion. Die Worte von Dr. Heidi rührten mein Herz. Danke Jesus, danke dem Himmel.

In der dritten Woche bat ich darum, das Malprogramm besuchen zu dürfen. Sie hatten nur eine 20 x 20 cm kleine Leinwand. Da bestellte ich mir online eine 50 x 70 cm große, die am nächsten Tag geliefert wurde. Ich wollte ein Bild malen, um diese ganze Krebserkrankung zum Ende zu bringen. Klar, die Bauchwand-OP stand mir noch bevor und ich würde langsam tun müssen. Es werden Nachuntersuchungen kommen, aber das Schwierigste war für mich überstanden.

Was machte das Malen mir für eine Freude! Mit zwei Pinseln und einem Einmalwaschlappen für den Untergrund malte ich im Werkraum der Klinik in drei Tagen mein Bild „Blick ins Paradies". Maria kam aus dem Staunen nicht heraus, vor allem weil sie jeden Strich mitbeobachten konnte. Es sollte ein Blick durch ein Schlüsselloch sein, wo man das Licht sieht. Das Dunkle des Randes sollte das Schwere der Krankheit symbolisieren. Es ist und bleibt ein harter Weg, Krebs zu bekommen und es zu überleben. Machen wir uns nichts vor. Aber es war so viel Liebe und Licht auf dem Weg, den ich in roten und immer heller werdenden Farben zur Mitte malte. Im gelben Lichtkegel war ein König, der die Arme hochreißt, und Menschen um ihn herum. Jesus hat den Tod besiegt. Basta. Ein für alle Mal. Am Ende gewinnen wir immer. Das Leben wartet auf uns. Ob in fünf oder fünfzig Jahren. Aus dieser Hoffnung lebe ich und so wird es für immer bleiben. Die Farben des Bildes leuchteten wunderschön.

Als uns Dr. Heidi am Schluss der Reha zu einem Mittagessen eingeladen hatte, brachte ich ihr das fertige Bild mit. Es sollte mein persönliches Geschenk für sie sein. Als sie uns anschließend ihre wundervollen Praxisräume zeigte, wurde ich melancholisch. Die Chemo-Patienten lagen in einem freundlichen Raum mit herrlicher Aussicht in die schöne Natur des Bayerischen Waldes. Und im Sommer konnte man sogar auf den überdachten Balkon. Eine Träne lief mir über die Wange. So sollte jeder die Chemotherapie bekommen, um ein bisschen Lebensqualität zu erhalten. Deshalb engagiere ich mich für die Rosi-Initiative der Charité, die gerade die Räume umbauen, und spende, was ich kann. Kein Mensch soll in beengter, unfreundlicher Weise diesen Albtraum der Chemotherapie mitmachen müssen.

Als ich mein Bild meiner Community zeigte, bekam ich so viel Zuspruch, dass ich davon Plakate drucken ließ. An Weihnachten wurden sie verschickt und hängen jetzt in unzähligen Wohnungen und Räumen in ganz Deutschland, Österreich, Südtirol und der Schweiz.

Als ich noch Postkarten davon drucken ließ, bat mich jemand um die Karten, die sie mit in die Ukraine nehmen wollten. Später ließ ich nochmal welche drucken mit einem Text auf Ukrainisch und Deutsch. Die Menschen in der Ukraine und in Deutschland waren sehr bewegt von dem Bild und der Karte.

Es wurde zu einem Hoffnungsbild. Mein guter Gott, was hast Du Dir nur alles einfallen lassen? Aus dem Schrecklichen der Krebserkrankung sind so viele wunderschöne Dinge entstanden. Niemals aufgeben! Gott kann Wunder vollbringen und der Welt wunderbare Geschenke hinterlassen.

Wenn so ein grausamer
Krieg den Boden unter den
Füßen wegreißt,
sieht man keine Zukunft mehr.
Alles verschwimmt.
Todesangst um seine Liebsten.
Man ist sprachlos, ohnmächtig,
hat keine Tränen mehr.

Aber da gibt es plötzlich Menschen,
Gebete und Hände, die einem den Weg zeigen.
Da sind plötzlich wildfremde Menschen, die helfen.
Da sieht man plötzlich Licht
am Ende des Tunnels.

Man schaut durch ein Schlüsselloch
voller Dunkelheit und fängt an, neu zu sehen und zu fühlen.
Bei aller Verzweiflung gibt es so viel Licht,
Liebe und Wärme, von der man
getragen wird.
Man sieht wieder ein Ziel vor Augen.

Was auch geschieht, am Ende siegen wir immer.
Denn am Ende steht das Leben.
Das Leben kann nur gewinnen.
Alle Todeszeichen werden in Hoffnung verwandelt.
Der König hat den Tod
besiegt, die Liebe hat gewonnen.
Gott, Du lässt uns nicht
alleine und Du schickst
uns Engel, die uns den Weg weisen.
Das Leben ist heute da.
Wir geben nicht auf.
Die Menschlichkeit hat jetzt
schon über das Böse gesiegt,
weil es Menschen gibt, die lieben.

Schwester Teresa Zukic

9. Die Grenzgängerin – Aufgeben ist keine Option

Für mich habe ich eine sehr wichtige Entscheidung getroffen: Ich werde dennoch leben, lachen und lieben. Jetzt erst recht.

Durch meine schwere Krebserkrankung hatte ich so viele Ängste, die für drei Menschenleben ausreichen. Ich weigere mich, weiteren Ängsten, egal wie sie daherkommen, Macht über mich zu geben.

Als ich 40 Jahre alt wurde, hatte ich schon einmal einen für mich bedeutenden Entschluss getroffen: „Ab heute kränkt mich keiner mehr!"

Das hieß nicht, dass ich von da an nie mehr gekränkt wurde, aber die Zeit wurde deutlich geringer, bis ich es durchschaute und den Gefühlen nicht mehr erlaubte, mir zuzusetzen. Ich hatte gelernt, aus eigener Kraft Kränkungen zu überwinden.

Leider hat meine Krebserkrankung meine Psyche labiler gemacht. Jede Kränkung empfand ich zehnmal stärker. Es gab sogar Momente, wo Menschen so ungerecht zu mir waren, dass ich dachte: „Wäre ich doch nur gestorben, dann müsste ich das nicht erleben."

Aber Dank sei Gott durfte ich erkennen, dass es die psychischen Belastungen durch Todesangst, Narkose, Schmerzen oder Chemo waren, die größer waren, als ich vermutet hatte. Ich konnte nichts für meine Gefühle und sie nicht durch ein Umdenken steuern oder beeinflussen. Gerne hätte ich anders reagiert.

Ich weine heute schneller als früher, bin sensibler und empfindlicher. Das wird wohl auch noch eine Weile so bleiben. Das lasse ich inzwischen zu und informiere mein Umfeld darüber. Einige heftige Reaktionen meinerseits tun mir im Nachhinein leid. Sie waren der Krankheit geschuldet. Es waren immer Reaktionen auf ein unschönes, verletzendes oder schäbiges Verhalten mir gegenüber.

Aber da ich nun wieder besser damit umgehen kann, weigere ich mich, den Ängsten weiter Macht über mich zu geben. Weder einem Herrn Putin, seiner Atombombe oder irgendeiner anderen Krise. Selbst wenn der Krebs zurückkommen sollte. Ganz ehrlich, ich bin gewiss, dass ich krebsfrei bin, aber was auch geschieht, ich wüsste inzwischen besser damit umzugehen. Ich kann nämlich niemanden ändern und selbst ein Rezidiv kann ich nicht ändern. Ich habe gelernt, dass Angst eine normale Reaktion ist. Die darf ich haben, aber ich muss ihr keine Macht über mein Denken und Handeln geben und meine Seele dadurch lahmlegen lassen.

Ich übe mich konsequent in der Gedankenhygiene!

Es ist doch verrückt, dass wir uns täglich die Zähne putzen, uns waschen und alles um uns reinigen, aber nicht unsere Gedanken, vor allem die, die uns so zusetzen. Manchmal hilft es, sie von außen zu betrachten.

Eine andere Perspektive einzunehmen. Mich sozusagen von außen zu beobachten. Da ist ein Gedanke von mir und dort mein Kopf.

Ein Gedanke ist erstmal nur ein Gedanke. Solange ich ihm keine Wertung gebe, kann er auch nichts in mir bewirken. Sobald ich ihn allerdings bewerte, womöglich negativ, ist es passiert. Und je mehr ich ihm Raum und Zeit gebe, erlaube ich ihm, mich zu quälen.

Sorgen oder Ängste denkt man. Sie sind nur Gedanken. Ganz einfach.

Negative Gedanken führen eben zu negativen Gefühlen.

Positive Gedanken dagegen zu positiven Gefühlen.

Jede Minute, die ich ihnen mehr Raum gebe, bedeutet mehr Traurigkeit und Angst oder mehr Heiterkeit und Freude.

Der Auslöser war vielleicht ein blödes oder gemeines Wort oder ein verletzendes Verhalten von jemandem. So was tut einfach weh. Vor allem wenn es ungerecht ist.

Da brauchen wir uns nichts vormachen.

Wissenschaftler meinen, dass es oft nur 10 % äußere Einflüsse sind, die uns bedrängen, aber wir uns selbst zu, sage und schreibe, 90 % durch unser eigenes Denken hineinsteigern. Nicht die Situation an sich ist der Stress, sondern unsere Reaktion darauf.

Wir können unserem Gehirn natürlich nicht verbieten zu denken oder es einfach abschalten. Aber wenn es uns wieder bewusst ist, können wir dagegenwirken. Denn der andere lebt fröhlich weiter, aber wir werden seelisch krank, weil wir immer und immer wieder daran festhalten und den Schmerz wiederkäuen. Leider.

Aber irgendwann ist Schluss! Genug geweint. Genug gelitten. Stopp!

Auch schon Viktor Frankl sagte sinngemäß: ‚Du musst dir von dir nicht alles gefallen lassen.‘

Ich musste es schmerzlich neu erlernen: Ich bin nicht einfach das hilflose Opfer anderer Menschen, der Umstände, nicht mal durch das Coronavirus oder eines Krebstumores.

So wie zu einer Kränkung immer zwei gehören: der, der kränkt, und der, der es ihm erlaubt, so werde ich nur dann Opfer von jemandem oder von etwas, wenn ich mich zum Opfer machen lasse. Ich kann nicht Gott und die Welt verantwortlich machen für mein Unglücklichsein, Traurigsein, Verzweifelt- oder Kranksein. Schön wär's. Sobald wir einen Sündenbock haben, lebt es sich leichter. Aber glücklicher werden wir dadurch nicht. Leider habe ich Menschen erlaubt, mich zu kränken und ihre Worte an meine Seele, mein Inneres heranzulassen. Ich habe mich aber entschieden, kein Opfer zu sein. Ich habe mich entschieden, meine Wunden heilen zu lassen und mich durch Vergebung davon zu befreien.

Der Heiland kann heilen. Alle meine seelischen Wunden. Wie lange ich darunter leiden will, hängt ja von meiner Entscheidung ab. Ob ich in Selbstmitleid versinke oder mich meinen Wunden, meinen Ängsten, meiner Ohnmacht, meiner Krebserkrankung stelle. Ich gebe sie dem ab, der so viel Liebe für mich hat, wie kein Mensch aufbringen kann. So viel Trost, so viel Sanftmut, Zärtlichkeit. Der mich heilsam berühren kann mit himmlischer oder menschlicher Nähe. Mit heilenden Worten, die wie Balsam sind. Mit bedingungsloser Liebe, die nichts von mir verlangt, als Heilung geschehen zu lassen.

Ich würde mir etwas von Ihnen wünschen. Ich erlaube mir, Sie in den nächsten Sätzen zu duzen.

Jetzt, wenn du diese Zeilen liest, klopfe dir doch bitte mit einer Hand anerkennend selbst auf deine Schulter. Und wenn du jetzt dabei noch lächelst, wäre das großartig. Und nun umarme dich selber. Ich bin sehr stolz auf dich.

(Du kannst das auch vor einem Spiegel machen.)

Ja, ich bin auf uns alle sehr stolz. Wir haben es bis hierhergeschafft.

Trotz Corona, trotz Krieg, trotz meiner oder deiner Krankheit. Dieser Moment gehört für einen Moment uns und allen Menschen auf der ganzen großen Welt. Wir haben nicht aufgegeben. Das ist wunderbar. Wir dürfen diesen Moment genießen.

Denn Aufgeben ist keine Option. Das klingt so leicht. „Option" beinhaltet ja eine Wahlmöglichkeit. Hatten wir die denn? Eigentlich nicht. Wir wurden praktisch über Nacht mit all den schlimmen Dingen konfrontiert und wir haben alle das Bestmögliche getan, was wir in diesen Herausforderungen tun konnten. Aufgeben „ist" nicht, sondern „war" keine Option. Uns Menschen ist dieser Überlebensmechanismus eingebaut und er ist sichtbar geworden. Wir sind über uns hinausgewachsen.

Als die Menschen im Lockdown für das Pflegepersonal geklatscht haben und wir füreinander eingekauft haben. Als der Ukrainekrieg losging und wir die Frauen und Kinder aufgenommen haben, ohne einen Moment nachzudenken oder zu problematisieren, als Tausende für mich gebetet haben und mir beigestanden sind!

War das nicht ein spürbares Zeichen, dass wir fähig sind, das Gute, das Notwendige, das Richtige zu tun? Wir taten das nicht aus ideologischen Gründen, aus einer höheren Motivation, oder weil wir eben Christen oder gute Menschen sind. Wir taten das zuerst aus Betroffenheit heraus.

Wahrlich war das alles nicht leicht. Natürlich sind viele Fehler gemacht worden. Nur wer nichts tut, macht ja keine Fehler.

Das gilt auch für meine Gemeinschaft und mich. Ich hatte mich im Januar 2020 gerade selbstständig gemacht, weil ich so viele Anfragen hatte und mit den „Stimmen der Berge" auf Tournee gehen wollte. Ich arbeitete nur noch ein paar Stunden als Gemeindereferentin. Nun kam der Lockdown und alle Vorträge brachen weg. Dann kam die Krankheit und es gab fast ein ganzes Jahr nur noch Krankengeld. Aber die Miete mussten wir dennoch aufbringen. Natürlich mussten wir an das Ersparte gehen. Dank meiner Bücher und der neuen Bücher schafften wir es gerade so. Aber zuerst musste jedes Buch auch von den Verlagen selbst eingekauft werden, dann müssen die Steuer und Portogebühren und Verpackungsmaterial bezahlt werden. Ich war für jeden Vortrag dankbar, der wieder stattfinden konnte. Ich konnte sehr gut nachfühlen, wie es den vielen Künstlern und Selbstständigen ging. Jetzt war ich selbst eine. Dank unserer Steuerberaterin und des staatlichen Überbrückungsgeldes konnten wir uns über Wasser halten. Gemeinsam als Gemeinschaft bekamen wir das hin. Ich bewunderte viele, die sich über Online-Vorträge oder mit neuen kreativen Ideen eine Lebensgrundlage sicherten. Oder einen neuen Job riskierten. Manche blieben leider auf der Strecke. Verloren ihre Arbeit. Mussten Insolvenz anmelden. Aber noch schlimmer, sie verloren durch Corona oder andere Krankheiten ihre Angehörigen. Die Flutopfer im Ahrtal verloren alles. Deshalb wollte ich sie unbedingt unterstützen. Manche haben Long Covid und immer noch Beschwerden, nicht wenige wurden depressiv oder nahmen sich sogar das Leben oder es wurde ihnen das Leben genommen wie in der Ukraine.

Ja, das alles kann wirklich runterziehen. Diese vielen Herausforderungen gehen an die Substanz. Burn-out, Beziehungskrisen, Existenzängste. Die Sorgen änderten nur ihren Gesichtsausdruck: Energiekrise, Benzinpreise, Zukunftsängste. Womöglich der dritte Weltkrieg? Niemand wird verschont.

Trauer ist erlaubt und wichtig

Nichts stirbt, was in Erinnerung bleibt. Wie viele Menschen haben wir nur sinnlos durch das Coronavirus verloren? Im Februar 2020, noch bevor wir realisieren konnten, was für eine Lawine auf uns zurollt, und vor dem Lockdown, starb mein geliebter Nino in Kroatien an Corona. Er war das erste Corona-Opfer in Kroatien, deshalb wurde es in den Medien bekannt. Bei ihm und seiner Frau Alma hatte ich 26 Jahre meinen Geburtstag unweit des Meeres in Istrien gefeiert. Eine Seele von einem Menschen. Wer als Gast zu ihm kam, ging als Freund nach Hause. Und ausgerechnet er! Er hatte sich wohl bei seinen Gästen angesteckt. Man weiß es nicht genau. Aber es ging so rasend schnell, dass er innerhalb weniger Tage verstarb. Da hatte Corona für mich ein Gesicht bekommen.

Meine allerliebste Freundin aus Südtirol berichtete mir fast täglich von den Opfern in Bergamo, und bevor es tatsächlich bei uns in Deutschland ankam, war mir klar, dieses Virus ist lebensbedrohlich. 2022 verstarb mein Vater auf einer Intensivstation an Covid. Dank sei Gott hatten wir kurz vorher noch telefoniert und ich konnte ihm noch einmal sagen, dass ich ihn lieb habe.

Das endgültige Lebewohl von einem geliebten Menschen ist eine der härtesten Prüfungen und Herausforderungen für Angehörige und Freunde. Es sind schmerzhafte Gefühle, aber weil es echte Liebe war, trauern wir. Trauern ist so wichtig und richtig. Und wir dürfen über alles trauern, was uns das Leben wieder genommen hat. Unsere Lieben und alle zerplatzten Träume und Pläne. Unglaublich, wie tief wir plötzlich fühlen können, wenn unsere Seele durch ein tiefes Tal gehen musste.

Wir sehen Menschen, wie sie achtlos miteinander umgehen, als wäre das alles selbstverständlich, dabei ist alles ein unwiederbringliches Geschenk. Unsere Lebenszeit ist begrenzt. Wir lernen anders sehen, fühlen stärker, werden dankbarer. Wir hören den Ton echter Anteilnahme und Worte haben eine andere Tiefe und Bedeutung.

Wir dürfen trauern und klagen. Auch zu unserem Gott.

Mehr als fromme Bibelverse gaben die Psalmen mir in meiner Krankheit Halt. Auch wenn ich niemals gedacht habe, dass ER mir etwas Böses antun will. Es ist ein Weg, den ich gehen musste, um gerettet zu werden. Es war keine Sinnfrage für mich, sondern eine Wie-Frage: Wie wird Gott eingreifen?

Aber wenn man nicht begreifen kann, was einem widerfährt, kann man durch das Beten der Klagepsalmen einen anderen Weg gehen, als sich dem Willen Gottes zu widersetzen, oder, weil man Ihn als abwesend oder feindlich erlebt, sich von Ihm abzuwenden.

Wir tapsen Satz für Satz durch das Dunkel des Leidens und Klage und Fürbitte wechseln sich ab.

„Wie lange noch, HERR, vergisst du mich ganz?
Wie lange noch verbirgst du dein Angesicht vor mir?
Wie lange noch muss ich Sorgen tragen in meiner Seele,
Kummer in meinem Herzen Tag für Tag?" (Psalm 13,3)

Und sie münden dennoch in den Lobpreis.

„Ich aber habe auf deine Güte vertraut, mein Herz soll über deine Hilfe jubeln. Singen will ich dem HERRN, weil ER mir Gutes getan hat." Psalm 13,6

Gott hat kein Problem damit, dass wir Ihn anklagen. Ich glaube, dass Er der beste Psychologe ist. Es ist doch nichts hilfreicher, als sich bei Ängsten und Sorgen auszusprechen, sich Luft zu machen, bevor man an Kummer oder Wut innerlich erstickt. Verstummen oder alles in sich hineinzufressen, vergiftet die Seele. Deshalb hoffe ich, dass Sie alle Menschen an Ihrer Seite haben, bei denen Sie in Ihren Nöten, Ängsten und Leid Ihr Herz ausschütten können. Verzweiflung und Angst lassen viele Menschen auch an Gott zweifeln. Auch damit kann Er leben. Aber wie oft schickt Er genau zum richtigen Zeitpunkt einen Engel ohne Flügel, einen Satz, ein Lied, ein Buch, eine Umarmung, einen Freund, einen guten Arzt oder eine liebe Ärztin. Machen Sie Ihrem Herzen Luft. Das ist für Ihre Gesundheit lebensnotwendig. Auch wenn Sie sich wiederholen. Vielleicht haben Sie so liebenswerte Menschen um sich herum, die Ihnen mehrmals zuhören, auch wenn sie das Gesagte schon kennen. Sie verstehen und sind einfühlsam genug, um beim Wiederholen herauszuhören, wie sehr es Sie belastet oder beschäftigt. Klagen ist menschlich. Loben ist himmlisch. Wir Christen dürfen beides, weil wir in beiden Existenzen zu Hause sind. Das Gebet ist die Brücke, der Weg des Vertrauens, die Tür zur Hoffnung, der Glaube, der Wunder vollbringen kann. Es führt direkt in das wartende Herz Gottes.

Du hast es geschafft,
bis hierher.
Dankbar darfst du sein.

Du hast vieles
erlitten.
Traurig darfst du sein.

Du hast Verluste.
Unwiederbringlich.
Wütend darfst du sein.

Du darfst klagen und bitten.
Vertrauen und hoffen.
Ein Suchender sein.

Du darfst.
Sein.

10. Versöhnt leben mit den eigenen Grenzen

Irgendwann realisiert man, dass man wirklich krank ist und dass es keinen Weg zurück gibt. Die Akzeptanz einer Krankheit dauert bei jedem Menschen unterschiedlich lange und wird unterschiedlich stark erlebt. Ich erinnere mich nicht, nach der Diagnose lange getrauert zu haben. Auch hatte ich mir keine Selbstvorwürfe gemacht. Leider machen das aber sehr viele, was mir sehr leidtut. Niemand muss sich dafür schämen, Krebs zu bekommen, zumal ich vom Doc erfuhr, dass man meine Art Krebs vorher nicht hätte entdecken können.

Wie sehr Krebs ein Tabuthema ist, wurde mir erst im Laufe der Erkrankung bewusst. Ein paar Tage nach der Diagnose wachte ich einmal schmerzfrei auf und dachte für einen Moment, das war alles nur ein Albtraum gewesen. Schön wär's. War es aber nicht. Obwohl ich meine Erkrankung von Anfang an angenommen hatte, begriff ich es wohl erst, als meine Haare weg waren. „Du hast wirklich Krebs. Glatze bedeutet Krebs, Teresa. Jetzt können es alle sehen."

Aber warum verstecken? Ich hatte ja von Anfang an alles publik gemacht. Ich stand ja immer im Fokus der Öffentlichkeit. Aber der Krebs sollte nicht mein ganzes Leben bestimmen, das wusste ich sofort. Nein, es sollte nicht die Nummer eins in meinem Leben sein, sondern ER, mein Ein und Alles, mein guter Gott und seine atemberaubende Liebe, die mich, seit ER in mein Leben kam, fasziniert, begeistert, getragen und gehalten hat. Ich war für mich nicht die krebskranke Schwester Teresa, sondern ich war immer Schwester Teresa, die jetzt eine Zeit lang Krebs hatte. Das Puzzlebild meines Lebens hatte nur einen schwarzen Puzzlestein, der Rest war bunt und wunderschön, sagte mir anfangs Dr. Heidi.

Natürlich war ich auch bereit zu gehen, wenn es Sein Wille gewesen wäre. Ich war vorbereitet darauf. Manchmal erscheint das Weiterleben schwerer, als der Gedanke, für immer gehen zu müssen. Denn wenn du eine so schwere Krankheit überlebst, weißt du sehr lange nicht, mit welchen Folgen und Nebenwirkungen, ja mit welchen Grenzen du fortan leben musst. Ich habe mir wirklich nicht gewünscht, mit einem Bauchwandnetz im Bauch den Rest meines Lebens umherspazieren zu müssen. Es hat auch eine Zeit gedauert, mich damit zu versöhnen. Überhaupt, dass es passiert ist. Dass mich niemand vorgewarnt hat oder mich aufgeklärt hat. Und man mir dazu noch angedroht hat, mit einem Bauchwandbruch lebenslang leben zu müssen und eine Bauchbinde tragen zu müssen. Gott sei Dank hat Dr. Sehouli mit Dr. Knoop mir im Oktober 2021 in der Charité in Berlin dieses Netz eingefügt, das nun mit meinem Gewebe verwächst und den Riss geschlossen hat. Mein Bauchwandgewebe war nach der Chemotherapie einfach brüchig gewesen. Außerdem hatte ich sehr viel abgenommen.

Mit welcher Genugtuung ich gleich am nächsten Tag aufgestanden bin und den ganzen Stationsflur entlanggelaufen bin ohne die lästige Bauchbinde, können Sie sich nicht vorstellen. Beglückt, dankbar, selig. Mein Leben werde ich wieder selbst gestalten und planen können. Und wie viel ich vorhatte! Ich strotzte nur voller Ideen und schrieb ja an meinem Kochbuch, kochte tagein, tagaus die ausgesuchten Gerichte und fotografierte sie selbst. Bearbeitete jedes Foto von mir und Dr. Jalids Gerichten, manchmal bis in die Morgenstunden. Mit aller Sehnsucht nach dem Normalen mutete ich mir drei Tage nach der Entlassung das Fotoshooting mit meinem

Doc im Bayerischen Wald zu. Dr. Heidi bot uns an, ihre Küche zu benutzen, weil Familie Sehouli bei ihr ein paar freie Tage verbringen wollte, und sie organisierte auch einen Profifotografen. Wie dankbar ich ihr für alles war. Die liebe Sybille half mir bei den Vorbereitungen. Auch Pfarrer Franz und ich übernachteten bei ihr. Ein volles Haus. Als Dr. Adak Sehouli, die so nett war, mir die Thrombosespritze zu geben, mich fragte, warum ich mir das alles zumute, gab es nur eine Erklärung: „Weil ich meinem Verlag professionelle Bilder versprochen hatte, wie wir gemeinsam kochen und essen. Ganz einfach. Wenn ich etwas sage, dann tue ich es auch."

Ja, es war anstrengend, aber es war auch überwältigend schön. Es hat so eine Freude gemacht, und wenn ich die Fotos inzwischen im fertigen Kochbuch anschaue, dann lacht mein Herz.

Immer wieder schrieben mir Freunde: „Mach langsam!" Meine Güte, wollt ihr es einfach nicht verstehen? Auch ich muss von etwas leben und Miete bezahlen. Ich muss trainieren, um wieder mein Leben zu bewältigen, und jede Faser meines Körpers wollte leben, lachen, lieben. Wollte genießen, unter die Menschen kommen, verrückt Schönes für Gott und die Menschen machen. Ich war 12 Monate krank. Natürlich konnte ich nicht sofort durchstarten, aber alles, was möglich war, wollte ich tun. Eine Woche nach Beendigung des offiziellen Krankenstandes hatte ich eine Einladung zum ERF Talkwerk, die erste TV-Aufzeichnung seit Langem, und es ging natürlich um meine Krankheit. Man sah es mir noch an, dass mich die Krankheit gezeichnet hatte, aber mir nichts von meiner Lebensfreude und meiner Begeisterung für Gott genommen hatte. Die liebe Moderatorin hatte meinen Krankenweg auf Facebook verfolgt und gesagt, wie sie mich als Ermutigerin erlebt und mich bewundert hat, und ich gab Zeugnis von Gottes wunderbarer Führung auch durch das Leid:

„In Deutschland heißt es oft, dass Gesundheit das Höchste wäre, aber diese Aussage halte ich für den größten Schmarrn. Geliebt zu sein ist das Höchste! Was müssen sonst alle behinderten und kranken Menschen fühlen, wenn Gesundheit das Höchste wäre? Nein, das ist einfach nicht wahr. Geliebt zu sein ist es."

Sehr beeindruckt war ich von meinen Talkpartnern und vor allem von Johannes von den Real Life Guys, der über seinen Bruder Philipp Mickenbecker erzählte, der mit 23 Jahren an Lymphdrüsenkrebs erkrankt und verstorben war. Als „YouTuber" hat er offen über seine Krankheit und seinen Glauben gesprochen und Millionen Menschen Mut gemacht. Auch ich hatte allerhöchsten Respekt vor ihm. Das hatten wir gemeinsam, unsere unerschütterliche Hoffnung, unsere Lebensfreude und unseren tiefen Glauben an Gott.

Wir leben doch auf ein Ziel zu. Wir leben und folgen Jesus, dem Auferstandenen. Für mich ist die Auferstehung und das ewige Leben nicht nur ein Trost am Ende unseres Lebens, sondern die Kraftquelle, die mich auch durch die schweren Zeiten getragen hat. Deswegen hatte ich nie eine Heidenangst. Als ich zusammengebrochen war und geweint hatte, weil ich nur verstanden hatte, ich müsste sterben, lachte ich sofort wieder. „Das glaube ich noch nicht. Gott hat das letzte Wort." Und ich war bereit, dem Tod ins Auge zu sehen, denn ich hatte Gründe genug gefunden, keine Angst mehr zu haben, selbst vor dem Sterben. In der Liturgie für Verstorbene heißt es ja: „… bedrückt uns auch das Los des sicheren Todes, so tröstet uns doch die Verheißung der Unsterblichkeit. Denn deinen Gläubigen wird das Leben gewandelt, nicht genommen." So wie ich es in meinem Hoffnungsbild gemalt und erklärt hatte. Am Ende wartet immer das Leben auf uns.

Meine wichtigsten Gründe,
keine Angst vor dem Tod zu haben

Als der Henker den Verbrecher zur Hinrichtung führt, fragt
ihn der Verbrecher: „Was ist heute für ein Tag?"
Der Henker sagt: „Montag."
Darauf der Verbrecher: „Na, die Woche fängt ja gut an."
(Lieblingswitz von Sigmund Freud)

Noch nie kam uns der Tod so nahe wie beim Ausbruch von
Corona und nach zwei Jahren, auch wenn wir es nicht mehr
wahrhaben wollen, sterben immer noch Menschen daran. Die
täglichen Schreckensbilder aus der Ukraine, wo täglich Menschen ihr Leben sinnlos verlieren, sind erschütternd. Attentate
in Schulen in den USA, oder ein Autofahrer fährt in Berlin in
eine Schülergruppe, die ihren Klassenausflug machte.

Wir werden täglich damit konfrontiert, ob wir wollen
oder nicht. Oder die vielen Krebstoten, die den Kampf nicht
überlebt haben. Der Tod ist allgegenwärtig. Den Kopf in den
Sand zu stecken oder zu verdrängen, dass es uns selbst treffen
könnte, hilft nicht. Ich habe ja erlebt, wie schnell es plötzlich
Realität werden kann. „Sterben" bedeutet nach Wikipedia
„steif werden, erstarren". Die lateinische Ableitung gefällt mir
noch besser: „betäubt sein".

Wir alle werden eines Tages sterben müssen. Dieses Schicksal teilen wir mit allen Menschen und Tieren und Pflanzen.
Nach der Geburt vergessen wir den Gedanken an das Sterben meistens und er taucht erst Jahrzehnte später wieder auf,
oder wenn eine Krankheit oder Unfall eintrifft. Theoretisch
wissen wir, dass wir sterblich sind. Aber wissen wir das auch
praktisch? Wenn es um das eigene Sterben oder das Sterben
von dir nahestehenden Menschen geht, ist das wieder eine
ganz andere Dimension. Es gibt Verluste, mit denen wir be-

sonders zu kämpfen haben, weil ein Leben viel zu früh zu Ende war, wir unsere Trauer nicht offen zeigen dürfen oder weil wir uns mit einem Menschen nicht mehr rechtzeitig versöhnen konnten. Der Verlust eines Kindes, eines ungeborenen Babys oder eines Menschen, mit dem wir im Streit auseinandergegangen sind. Der Tod von Eltern und Lebenspartnern, mit denen wir uns nicht mehr aussöhnen konnten. Der Tod ist und bleibt unheimlich. Er bedeutet Ende und Abschied. Nichts ist mehr geradezubiegen, wenn der Tod plötzlich eintritt.

Wann und wie wir sterben werden, wissen wir einfach nicht, aber wie wir damit umgehen, das können wir selbst entscheiden.

Es ist wirklich ganz normal und menschlich, Angst davor zu haben. Diese Ur-Sorge teilen wir mit allen Menschen auf der ganzen Welt. „Man kann eben alles überleben, außer den Tod", meinte Oscar Wilde.

Selbst Jesus „betete in seiner Angst noch inständiger und sein Schweiß war wie Blut, das auf die Erde tropfte." (Lukas 22,44) Wir wissen nicht, ob ER im Garten Getsemani in der Nacht vor Seiner Verhaftung mehr Angst vor den Schmerzen oder der Art Seiner Hinrichtung hatte. Aber ich finde es so unglaublich tröstlich. Das macht es für mich so glaubwürdig. Auch der Herr hatte Angst, vielleicht wie wir, Angst vor der Angst. Menschliche Todesangst. Er war wirklich Mensch. Dass ER dennoch sagen konnte, „nicht mein, sondern dein Wille geschehe", (Lukas 22,42) ist eben SEINE atemberaubende Hingabe an Seinen Vater.

„Ich habe nichts gegen das Sterben, ich möchte nur nicht dabei sein", meinte Woody Allen. Und geht es uns nicht allen so? Wir wurden nicht gefragt, ob wir leben wollen, und keiner fragt uns, ob wir wieder gehen wollen.

Zwei große Ängste tragen wir mit uns herum: Die Angst vor dem Sterben, also dem Prozess, der uns vom Leben in den Tod führt, und die Angst vor dem Totsein. Dem Zustand, nicht mehr da zu sein.

Ich fand es hilfreich, mich mit den medizinischen, wissenschaftlichen und erlebten Erkenntnissen, sogar Nahtoderfahrungen, auseinanderzusetzen. Ich fand glaubwürdige Informationen, die mir geholfen haben, meine Ängste vor dem Sterben zu verringern oder abzubauen.

– Der Moment des Sterbens tut nicht weh. Das Sterben nimmt jede körperliche Empfindung. Wie sollte uns noch etwas wehtun können, das jedem körperlichen Gefühl ein Ende macht?

– Im Gegenteil: Der Tod befreit von Schmerzen.
Für viele Kranke ist der Tod im wahrsten Sinne erlösend. Viele, die schwerkranke Menschen begleitet haben, wissen das. Schmerzen können brutal sein, und lang anhaltende Schmerzen sind unerträglich. „Er/Sie ist erlöst worden!" Wie oft habe ich das schon gehört. Es tut mir so leid, wenn Menschen leiden müssen. Gott sei Dank gibt es die Palliativstationen oder Teams, die alles tun, um die Schmerzen bis zur letzten Stunde zu lindern. Vor allem auf den Hospizstationen werden die Sterbenden in Würde und liebenswert betreut, um den Lebensabend so schmerzfrei wie möglich zu gestalten. Was für ein Segen, dass es das gibt. Die Sterbenden können ihre Ängste aussprechen und letzte Wünsche werden versucht zu erfüllen.

Nicht leben ist nicht schlimm

Erinnern Sie sich an die Zeit vor Ihrer Zeugung? Wahrscheinlich nicht.

Da haben Sie ja auch noch nicht gelebt. Schlimm ist das nicht, oder?

Tatsächlich gab es schon Milliarden von Jahren, wo wir nicht gelebt haben.

Ich bin so froh, nicht im Mittelalter gelebt zu haben oder in den zwei Weltkriegen. Gott sei Dank. Ich bin so glücklich, 2022 noch zu leben und dieses Buch schreiben zu dürfen.

Deshalb wird es für mich auch nicht schlimm sein, wenn ich in 100 Jahren nicht mehr da bin, weil dann niemand mehr da ist, den ich liebe. Meine Familie, meine Gemeinschaft, meine Freunde. Die Menschen, die für mich geschaffen wurden und ich für sie.

Der Tod gibt deinem Leben einen Sinn

Er erinnert uns daran, uns auf das Wesentliche zu konzentrieren. Wenn es ein Morgen und ein Übermorgen und ein Überübermorgen gäbe, wüssten wir doch gar nicht, wie kostbar jeder Tag ist. Nur weil es eine Deadline gibt, können wir doch jeden Tag erst schätzen. Und jeder Tag, der vergeht, kommt eben nicht mehr wieder. Stellen Sie sich doch mal realistisch vor, wir könnten 500 Jahre leben. 500 Jahre Zähne putzen, zur Arbeit gehen, kochen, waschen, bügeln, manche Leute ertragen! 500 Jahre. Seien wir doch mal ehrlich. Was wir in einem Menschenleben nicht an Zufriedenheit schaffen, schaffen wir auch nicht in 1000 Jahren.

Mit was vergeuden wir unsere Zeit? Ist es wirklich sinnvoll, den größten Teil des Lebens damit zu verbringen, Geld anzuhäufen, um immer mehr materielle Besitztümer zu sammeln? Wir können nichts, aber auch gar nichts davon mitnehmen.

Besser wäre es doch, das Leben viel mehr zu schätzen und zu genießen, mit weniger zufrieden zu sein und es in Menschen zu investieren.

Mein Glaube verleiht mir Flügel

Mit friedlicher Gelassenheit gehe ich auch auf mein Sterben zu. Betend durfte ich viele Mitschwestern als junge Ordensfrau im Kloster in die Ewigkeit hinüberbegleiten. Ich habe niemanden in Panik sterben sehen, aber in friedvoller Stille oder fröhlichem Lobpreis. Aus einer selbst erlebten Nahtoderfahrung heraus kann ich befreiter mit dem Sterben umgehen und mich meinen Ängsten stellen. Ich bin von Gott aus Liebe geschaffen worden, und ich will meinen letzten Weg, wenn es so weit ist, in die vollkommene Liebe zu meinem Schöpfer antreten. Will der göttlichen Liebe begegnen, in ihr verschwinden und bis dahin in lebensbejahender Zuversicht leben und jeden Tag mehr lernen, den Tod und das Loslassen nicht länger zu fürchten. Bei aller Trauer, bei allem Verlust, bei allem Schmerz, den der Tod auslöst, ist es doch die Liebe, die all diese Gefühle auslöst. Die Liebe liebt, vergibt, umarmt, befreit, erhebt, erschafft, vermisst, betört, ist Sehnsucht, Zärtlichkeit, Trost oder Verlangen.

Es ist so wichtig, sich mit dem Sterben und dem Tod auseinanderzusetzen. Wie befreit kann man loslassen, wenn Dinge geregelt, ausgesprochen, vergeben oder geordnet sind. Das hilft einem selbst und den Angehörigen. Wie ich meine geliebten Freundinnen Edith oder Carola vielleicht bewundert hatte. Ihr plötzlicher und schneller Tod war ein Schock. Aber sie hatten alles geregelt. Sogar die Lieder, den Ablauf und wer reden und wer nicht reden sollte beim Gottesdienst und ihrer

Beerdigung. Wie wichtig ist ein Testament oder Erbvertrag. Wie viel Leid, Streit und Zwietracht in den Familien hätte man vermeiden können, wenn es vorher besprochen und schriftlich niedergeschrieben wäre.

Warum erst auf einen Schicksalsschlag oder eine Krankheit, einen Unfall oder Infarkt warten?

Wir leben doch schon heute in gefährlichen Zeiten.

Jetzt erst recht die Dinge regeln. Sich trauen, miteinander darüber zu sprechen.

Die Zukunftsängste aussprechen. Wir haben die Chance, alles zu bedenken, vieles zu regeln, manches aufzuarbeiten. Zum Glück können wir uns viele unserer Ängste selbst wieder ausreden. Was man sich „einredet", funktioniert umgekehrt mit dem „ausreden" ebenso.

Jetzt erst recht Gottes Nähe suchen

Wir unterschätzen, welch großen und tapferen Gegner unsere Ängste haben: unseren Gott. Vielleicht „Jetzt erst recht" mehr die Nähe Gottes suchen, ihn noch besser kennen lernen. Mehr in der Bibel lesen oder beten. Er ist nicht der Ferne, Unerreichbare. Er ist ein Gegenüber. Ich möchte Ihnen Mut machen, sich auf diesen liebenden und sich nach Ihnen verzehrenden, verrückten Gott einzulassen. Er ist lebendig. Sie dürfen mit allem zu IHM kommen.

Es gibt Ihn sogar zum Anfassen, mit Händen und Füßen und einem unendlich liebenden Herzen. In Seinem Sohn Jesus Christus. Nun verzeihen Sie, wenn ich Sie wieder duze.

Er möchte auch dein Freund sein. ER schaut dich mit so liebenden Augen an wie sonst niemand. ER sieht diesen wunderbaren, einzigartigen Menschen in dir. Diese kostbare Frau, diesen kostbaren Mann. ER sieht deine wahre Schönheit, den Zauber deines Wesens. All das Gute, das in dir steckt. In SEINEN Augen bist du wunderschön. Eine herrliche Schöpfung Gottes. ER sieht dich voller Zärtlichkeit an, voller Staunen, voller Erbarmen und ist überwältigt von dem Geschenk, das du für diese Welt bist. Ich weiß, dass manche nun »Oje!« denken. Wenn Schwester Teresa wüsste, wie ich aussehe oder wie ich bin oder was ich hinter mir habe oder wie schrecklich ich sein kann, würde sie diese Zeilen nicht schreiben. Aber keine Sorge!

Vor SEINEM Blick brauchst du dich nicht zu fürchten. ER sieht so viel mehr in dir, als du selbst sehen kannst. ER sieht, mit welcher Liebe du entstanden bist. ER berührt ganz sanft deine Seele. ER tastet vorsichtig die Narben deines Lebens ab. ER weiß genau, woher sie rühren, wer sie in dir hinterlassen hat. ER fürchtet sich nicht vor dem, was ER sehen könnte. Nicht vor dem, was du vielleicht verbergen und dir selbst und niemandem sonst eingestehen möchtest. ER stört sich nicht an deinen Zweifeln, deiner Wut, nicht mal an deiner Sünde. ER weiß alles und ER war immer dabei. Als du einsam warst oder in deinem Schmerz ertrunken bist. Als du dich allein oder im Stich gelassen fühltest. Im dunkelsten Moment war ER da und ER wird bei dir sein in deiner Todesstunde. Du bist in IHM geborgen. Du darfst dich fallen lassen in SEINER Güte. Was immer auch schiefgegangen ist, was immer dein Herz bedrückt, was man dir auch einzureden versucht, vergiss nie: In SEINEN Augen bist du wertvoll. Du bist geliebt, gewollt und die Welt wäre ärmer, wenn es dich nicht gäbe. Du bist das Kostbarste, was Gott hat.

Wenn Sie sich auf das Abenteuer einlassen, werden Sie verrückt vertrauen müssen. Sie verlieren vielleicht Ihre aufgebaute Sicherheit, dafür bekommen Sie das Beste, was Ihnen das Leben bieten kann: SEINE Nähe und Unterstützung. Sie werden erleben, dass es keine Grenzen SEINER Liebe gibt und dass ER Sie gebrauchen kann. Selbst wenn Sie alt, krank, verletzt, traurig, resigniert oder verzweifelt sind. Vielleicht fordert ER Sie sogar dazu heraus, sich mit Menschen einzulassen, an die Sie im Traum nicht gedacht hätten. Sie bringen manches in Ihrem Leben in Ordnung. Ja, Sie werden aktiv und trauen sich mehr zu. Sie stehen auf, gehen los, jammern seltener und versuchen, das Beste aus Ihrer Situation zu machen. Ändern womöglich Ihren Lebensstil. Sie lassen sich auf das Experiment „Glauben" ein. Strecken dem Auferstandenen Ihre Hand entgegen. Wagen Freundschaft mit Jesus. Machen ernst. Wenn Sie schon gläubig sind, lassen Sie sich vielleicht neu erfrischen aus der Quelle der Bibel. Beten wieder mit neuem Vertrauen und Erwartung. Strecken sich neu nach dem aus, was Gott für Sie bereithält.

Gott wird Sie jeden Tag überraschen und Ihnen die Kraft geben, ans Ziel zu kommen. In SEINE Arme, in SEINEN Himmel. In die Zukunft ewiger Liebe. Das wünsche ich Ihnen von ganzem Herzen.

Das wünsche ich Euch jeden Morgen!
Gott vertreibe Eure Sorgen.

Mache Euer Herz ganz stark und weit.
Tröste Euch in jedem Leid.

Schenke Euch den Heilgen Geist.
Der Frieden spendet und verheißt:

Stets in allen Lebenslagen,
Euch mit Liebe durchzutragen.

Schwester Teresa

11. Jetzt beginnt der wundervolle Rest Ihres Lebens

Grenzenlos geliebt zu werden, das wünsche ich Ihnen am allermeisten.

Geliebt zu werden ist so wichtig wie essen, trinken oder atmen, manchmal sogar mehr. Jeder Mensch braucht Liebe. Es ist nicht nur das beste Gefühl der Welt, es ist neben Trauer und Angst das stärkste Gefühl, das wir empfinden können. Jemanden zu haben, der Sie annimmt, wie Sie sind. Sie respektiert. Sie wertschätzt. Dem Sie sich restlos anvertrauen können. Der Ihre Schönheit, Einzigartigkeit, Ihr wunderbares Wesen jeden Tag aufs Neue erfasst, obwohl er Ihre Fehler und Makel kennt. Der mit Ihnen umgehen kann, weil Sie viel mehr sind als nur Ihre Ecken und Kanten. Selbst nach Jahrzehnten ist jeder Morgen der Begegnung eine solche Freude, denn jeder Tag miteinander ist ein Geschenk. Der andere ist das Geschenk. Wie groß die Liebe ist, zeigt sich aber erst in den Lebenskrisen. Ich danke allen Heldinnen und Helden auf dieser Erde, die diesen Titel verdienen, die dann auch noch da sind, wenn der Boden erschüttert, eine Krankheit das Leben bedroht oder materielle Krisen das gemeinsame Leben ins Mark treffen.

Leider ist nicht jedem geschenkt worden, von Kindheit an grenzenlos geliebt zu werden oder Menschen an der Seite zu haben, die zu so einer Liebe fähig sind. Das tut mir so unendlich leid. Sich ungeliebt oder abgelehnt zu fühlen ist schrecklich. Das Gefühl kann auftreten in Zeiten, wenn man sich selbst nicht genug lieben kann. Die Selbstliebe ist eine der Voraussetzungen, mit anderen eine hochwertige Beziehung aufbauen zu können. Wer sich seines eigenen Wertes sicher ist, wird sich nicht von der Liebe und Aufmerksamkeit anderer abhängig machen. Wer sich selbst nicht lieben kann, versucht die innere Leere mit der Liebe des anderen zu füllen. Liebe kann man nicht erzwingen. Wenn wir ehrlich sind, wird keine Mutter ihren Kindern oder ihrem Lebenspartner gegenüber fähig sein, so sehr den anderen zu lieben, dass er nie ein Defizit spürt. Denn menschliche Liebe ist begrenzt. So viele Faktoren und Umstände spielen eine Rolle. Wenn wir geliebt werden wollen, müssen wir uns zuerst selbst lieb gewinnen. Selbstliebe kann ich nur mit Selbstvertrauen aufbauen. Und der Schlüssel zu allem Selbstvertrauen ist überhaupt oder wieder neu festzustellen, wie wertvoll wir sind. Wissen Sie überhaupt, wie wertvoll Sie sind? Woher Ihre Sehnsucht kommt, geliebt zu werden?

Sie sind so wertvoll, dass für Sie ein ganzes unbegreifliches Universum erschaffen wurde, eine Natur, die nicht nur wunderschön ist, sondern mit überwältigenden Köstlichkeiten auf jedem Kontinent bestückt wurde. Ein sensationeller komplexer Körper, der Unvorstellbares ertragen kann, und eine unsterbliche Seele. Nur wenn Sie sich von der göttlichen, unendlichen Liebe anschauen lassen, aus der Sie erdacht und geschaffen sind, die Sie wirklich kennt und verrückt nach Ihnen ist, werden Sie Ihren wahren Wert erfassen können. Nur Gott kann das, uns grenzenlos lieben. Und ER liebt jeden von uns am allermeisten.

ER hat Sie geschaffen, weil ER wollte, dass es Sie gibt. Im Moment Ihrer Zeugung sind Sie ein Teil seiner wundervollen Schöpfung geworden. Ein Gedanke Gottes, ein genialer noch dazu … Ihr Name ist unauslöschlich in Seine Hand, in Seinem Herzen geschrieben.

„Da sprach Gott: Wir wollen Menschen machen, die uns ähnlich sind." (1. Mose 1,26) Wie erstaunlich! Gott hat sich die Menschen nicht einfach ausgedacht, sondern nach einem klaren Bild, seinem eigenen Bild, erschaffen. Als Seine Söhne und Töchter haben wir eine Ähnlichkeit mit Ihm. Unsere Sehnsucht nach unstillbarer Liebe kommt daher, dass Gott „die LIEBE" ist. Aber ER erkannte sofort, dass es nicht gut für uns ist, alleine zu sein. Wir brauchen zwischenmenschliche Liebe. Wir müssen nur begreifen, dass wir immer von Menschen enttäuscht werden, wenn wir von ihnen die Liebe erwarten, die Gott nur geben kann.

Seine Art und Weise uns zu lieben ist wie keine andere: bedingungslos, grenzenlos, unendlich. Einen größeren Beweis Seiner Liebe kann es nie geben, als dass Sein Sohn Sein Leben für uns gab. Für alle Sünden, Fehler, Versagen und wofür wir Menschen und die Menschheit sich schämen müssen, für jeden Größenwahn und Versagen, wo wir mit unserem Verhalten gegen die Liebe schuldig geworden sind.

Wir sind nicht perfekt. Niemand ist das. Und doch sind wir für IHN gut genug. Es gibt nichts, absolut nichts, das Gott abhalten könnte, Sie zu lieben. Nur weil in Ihrem Leben nicht alles glatt gelaufen ist, manches zerbrochen oder unwiederbringlich kaputt ist. Was es auch war oder ist. ER ist ein Liebender, ein Gerechter, ein Beschützer, ein Erlöser, ein Heiland, ein guter Hirte.

ER wird jeden Tag unseres Lebens bei uns sein und uns nicht verlassen.

Komme, was wolle! Was wir in der Welt und an den Umständen nicht ändern können. Was soll's. Machen wir das Beste daraus.

Genießen Sie bitte Ihr Leben

Fangen Sie noch heute damit an. Auf was wollen Sie warten? Warum muss erst eine Krankheit oder ein Schicksal Sie oder Ihre Lieben treffen?

Warum sollte überhaupt eine Krankheit Sie davon abhalten? Weil man davon ausgeht, dass Kranksein eine ernste Angelegenheit ist und Krankenbehandlung in einer gedämpften und sterilen Atmosphäre stattfinden sollte? Wer hat das angeordnet? Entscheiden Sie sich für einen anderen Weg. Leben, lachen, lieben Sie. JETZT ERST RECHT!

Als sich eine verzweifelte Ehefrau an mich wandte, weil ihr Mann die Diagnose Krebs bekam und sie nicht zu ihm durfte, gab ich ihr einen verrückten Tipp.

Eine Stunde später hatte sie ihn schon umgesetzt: Sie kaufte fünf Herzluftballons, die sie mit Gas befüllen ließ, befestigte gegenüber dem Fenster die Schnur und ließ die Ballons auf Augenhöhe des Zimmers aufsteigen. Wie hatte sich ihr Mann gefreut. Für jemanden, der liebt, gibt es keine Grenzen. Warum sollten wir sie akzeptieren? Das letzte Wort einer sterbenden Institution war schon immer „Das haben wir immer schon so gemacht!"

Nicht bereuen, tun!

Was Sterbende am meisten bereuen, hat Bronnie Ware, die viele Jahre Sterbende betreut hat, in ihrem Buch zusammengefasst.

Sie formulierte fünf Dinge, die Menschen auf dem Sterbebett besonders bedauerten.

Zwei von diesen Dingen werde ich in meinem Leben ändern, um sie am Ende nicht zu bereuen: Die Kontakte zu meinen Freunden besser pflegen und mehr Zeit mit ihnen zu verbringen und nicht immer so leben, wie andere es von mir erwarten.

Für Sie sind vielleicht die anderen Dinge wichtiger: nicht so viel gearbeitet zu haben, Gefühlen mehr Ausdruck zu verleihen oder sich mehr Freude im Leben zu gönnen.

Erstellen Sie sich doch eine Liste von den Dingen, die Sie noch unbedingt mal machen wollen. Vielleicht werden wir nicht mehr in alle Länder reisen können oder ein bestimmtes Museum der Welt besuchen können.

Aber es gibt so wunderschöne Filme, im Grunde über alles, und viele Museen kann man inzwischen online besuchen. Selbst neue Ausstellungen. Wir haben im Lockdown beim Essen einfach passende Musik eingeschaltet. Gab es italienische Antipasti, eben italienische Musik. Bei spanischen Tapas feurige Gitarrenmusik. Es sind die kleinen Dinge, die auf Dauer großen Einfluss auf unser Leben haben können.

Verändere eine Gewohnheit

Es gibt keinen größeren Klebstoff als die Gewohnheit. Jeden Tag die gleichen Rituale? Den gleichen Weg fahren, das Gleiche essen? Nach dem Motto: Was der Bauer nicht kennt … Aber niemand hat gesagt, dass Sie Bauer bleiben müssen! In unserem Gehirn werden die immer gleichen Verknüpfungen gespeichert. Warum nicht mal einen Umweg benutzen, Gast in der eigenen Stadt oder Gegend sein oder neue Gerichte ausprobieren? Oft liegt das Schöne so nahe. Welche Angewohnheit hält Sie davon ab, glücklich zu sein oder zu genießen? Sie müssen nicht Ihr ganzes Leben umwerfen. Warum auch? Aber jeden einzelnen Tag sollten Sie sich etwas überlegen, das Sie erfreut! Und Neues wagen.

Weniger Nachrichten konsumieren

Wie sollte der permanente Konsum von schlechten Nachrichten über die Medien uns nicht belasten? Gehirn und Körper sind ständig im Dauerstress. Was zu viel ist, ist zu viel. Natürlich möchten wir auf dem Laufenden bleiben, aber Medienhygiene ist genauso wichtig wie Gedankenhygiene: Seriöse Quellen wählen und Ängste aussprechen und sie ins Gebet nehmen.

Am Abend empfehle ich seit Jahren, sich zehn Dinge zu überlegen, die heute schön waren. Man kann sie einander erzählen, sie aufschreiben oder Gott dafür danken. Das Positive jeden Tages nicht zu übersehen, hilft Körper und Seele.

Dankbarkeit und Großzügigkeit leben

Warum immer über die Dinge jammern, die wir nicht haben oder die nicht möglich sind? Sobald wir uns schöne Dinge in Erinnerung rufen oder sie bemerken und dafür dankbar sind, können wir unsere Stimmung aufhellen.

Womöglich anderen noch Gutes tun und großzügig im Anerkennen, Loben und Teilen sein – das sind echte Powergefühle, die nicht nur auf Erden glücklich und zufrieden machen, sie haben Ewigkeitswert.

Grenzen setzen und Nein sagen

Grenzen sind nicht immer negativ, sondern im wahrsten Sinne des Wortes manchmal lebensnotwendig. Wie wichtig es ist, Kindern Grenzen zu setzen, wissen wir. Aber auch Erwachsene brauchen Grenzen. Manchmal muss man sich von Menschen abgrenzen, die uns einfach nicht guttun. „Nein" zu sagen, wenn mir etwas zu viel ist, oder ein Verhalten nicht länger zu ertragen. Wir haben uns das Ja-sagen ein Leben lang antrainiert, aber wir können in kleinen Schritten umlernen. Das ist eine echte Überraschung für unser Gehirn und allerbeste Stressvermeidung. Wenn Sie eine Anfrage bekommen, können Sie einfach antworten: „Lassen Sie mich bitte darüber nachdenken. Ich melde mich bei Ihnen." Aber bitte keine Notlügen und Ausreden. Immer bei der Wahrheit bleiben. Ein „Nein" ist definitiv ein „Ja" zu sich selbst.

Gesund leben aus Lebensfreude

Ich durfte mich im wahrsten Sinne gesund schlemmen und das Genießen mit allen Sinnen neu lernen. Gesunde Gerichte zubereiten und genießen hat mir meine Lebensfreude zurückgebracht und ein herrliches Ermutigungs-Kochbuch mit Dr. Sehouli entstehen lassen. Eine Fortsetzung ist geplant. Wer weiß, was ich als Hobbyköchin noch alles anstelle. Mit viel Wassertrinken und mehr Bewegung habe ich mich selbst mit neuer Lebensqualität beschenkt. Aber nicht aus Zwang, mit Verzicht oder aus einem neuen Gesundheitsfanatismus, sondern aus Lebensfreude.

Du bist geliebt.
Bedingungslos.
Du bist der Liebesbrief
Gottes für diese Welt.

Du bist sein Lächeln.
Seine Umarmung.
Sein tröstender Blick.

Sein Stirnrunzeln, wenn Du Dich mit-sorgst.
Seine Lachfalte, wenn Du mitlachst.

Du bist seine Hände.
Seine Augen.
Du bist auch ein Stück Seines Herzens.
Lebe.
Lache.
Liebe Dich
und andere frei.

JETZT ERST RECHT

Der JETZT-ERST-RECHT-
Energieriegel

Schon in meinem Vorgängerbuch „Lebe, lache, liebe" gab es
ein Rezept: die Nervenkekse der Hl. Hildegard. Nachdem
ich ein eigenes Kochbuch verfasst habe, darf auch in meinem
neuen „Jetzt erst recht"-Buch ein gesunder Snack nicht fehlen.

Inspiriert hat mich die Geschichte des Propheten Elija. Nach
einem mächtigen Eingreifen Gottes, einer Wundererfahrung
im Kampf gegen die Baals-Priester, bekommt er es mit der
Angst zu tun. Man trachtet ihm nach dem Leben.

Statt ermutigt durch solch ein Eingreifen Gottes auf Gott
zu vertrauen, bekommt Elija es mit der Angst zu tun. Todesangst! Hätte sein Vertrauen – oder Glaube an Gott – nicht ge-
stärkt sein müssen? So sind wir Menschlein eben, auch wenn
Gott uns gebraucht.

Er rennt davon in die Wüste und offensichtlich in einen
Burn-out. Die ganze Situation führt ihn in eine tiefe Depression. Alle Lebenslust ist mit einem Schlag verloren. Der
Prophet Elija, so erzählt es die Bibel, legte sich unter einen
Ginsterstrauch und wollte nur noch sterben. Er wollte nicht
mehr und er konnte nicht mehr. Er fühlte sich überfordert
und als Versager. Auch die Stärksten haben mal einen Durch-
hänger. Und was tut Gott? Er macht ihm keine Vorwürfe,
sondern er schickt ihm einen Engel, der ihn ermunterte auf-
zustehen und erst mal etwas zu essen!

So was von sympathisch! Dort standen ein Krug mit Wasser und frisches Fladenbrot. Manchmal braucht der Körper
erst mal neue Energie. Gott weiß, was er braucht, und er hat
ein Gespür für die Bedürfnisse Seines Dieners. Gleich zwei-

mal weckte der Engel ihn, damit er sich stärken konnte. Nun war er bereit, seinen Kummer auszusprechen. Er vertraut sich seinem Gott wieder an. Später beschenkt er ihn mit Seiner Gegenwart.

Deshalb hier mein Rezept für einen gesunden Energieriegel. Wer möchte, kann ihn auch mit etwas Zartbitterschokolade fein bestreichen. Megagesund, in Maßen genossen senkt er sogar den Blutdruck.

Schwester Teresas „Jetzt erst recht"-Energieriegel

Zutaten:
200 g Nüsse (Mandeln, Cashewkerne, Walnüsse, Macadamia, Haselnüsse n. Belieben)
2 EL Haferflocken
2 EL Kürbiskerne
1 EL Chiasamen
2 EL Pistazien
2 EL getrocknete Cranberrys
2 Datteln ohne Kerne
1 Msp. Vanille
½ TL Zimt
20 g Buchweizenmehl
½ Apfel gerieben
1 EL Honig oder Ahornsirup
2 EL Kokosöl
Prise Liebe

Zubereitung:
1. Alle Nüsse grob hacken.
2. Apfel schälen, entkernen und grob kleinschneiden. Mit einem Schuss Wasser aufkochen. Datteln hinzufügen und pürieren.
3. Alle Zutaten in einer Schüssel vermengen.
4. Den Teig in die Riegelformen ca. 2 cm befüllen und mit einem Löffel fest zusammendrücken.
5. Im vorgeheizten Ofen bei 170 Grad 25 Minuten backen.
6. Mit geschmolzener Zartbitterschokolade verzieren.

Meine Liebeserklärung

Ich freue mich auf eine Zukunft, wo ich jeden Tag leben, lachen und lieben darf, unter Gottes heilsamem Segen. Das ist mein Lebensplan. Ich möchte genau das tun, was ich Ihnen auf all diesen Seiten geschrieben habe. Noch nie habe ich beim Buchschreiben so viel geweint. Mir ist es selbst zu Herzen gegangen, was ich alles mitmachen musste. Noch nie hat mich ein Buch solche emotionalen Kräfte gekostet, aber noch nie bin ich ermutigter, entschiedener und gestärkter herausgekommen. Wenn Sie an dieser Stelle auch so empfinden, wenn ich Sie trösten konnte, Ihnen Angst nehmen, Sie zum Lachen und zu mehr Lebensfreude animieren und Ihnen Mut machen konnte, sich auf unseren Gott einzulassen und IHM mehr oder wieder zu vertrauen, wäre ich der glücklichste Mensch der Welt.

Dafür hätten sich jede Zeile, jede Anstrengung, jede Träne und jedes Lachen gelohnt.

Wenn ich auf den Inhalt dieses Buches schaue, ist es für mich die Fortsetzung einer Liebesgeschichte mit diesem verrückt liebenden Gott. Was hat ER sich nur ausgedacht, mich zu retten? Er hat aus etwas Schrecklichem, Bedrohlichem, Entsetzlichem etwas Wundervolles gemacht. Ich musste in den Abgrund schauen, mein Leben wurde auf den Kopf gestellt, aber auch kopfüber war dieser wundervolle Gott zu finden. Seine Liebe und Nähe waren bei mir. Seine Flügel trugen mich weiter. Selbst in diesem Perspektivenwechsel war ER da. Selbst in den schwierigsten Umständen durfte ich Seine Treue und Fürsorge noch besser kennenlernen und dass ER uns zeigt, dass uns die aktuellen Umstände nicht den Blick auf das Ziel wegnehmen. Er macht uns stark für die schlechten Zeiten und unterstützt uns in den guten. JA, ER hat jeden persönlich im Blick. Jedes einzelne Haar auf unserem Kopf hat ER gezählt, auch als keines mehr da war. Jedes Detail unseres Lebens kennt ER und verliert uns nicht aus den Augen. Und genau so möchte ich weitergehen, wissend, dass ER auch weiterhin mit Seiner Liebe auf mich schaut. ER wird mich auch weiterhin beschirmen und beschützen. Ich erlaube es IHM, denn ich liebe IHN jeden Tag mehr und komme aus dem Staunen nicht heraus. Welches neue Abenteuer wird ER für mich bereithalten? Langweilig wird es sicher nicht werden. Wir haben so viel da draußen zu tun, denn so viele wissen noch nicht, wie verrückt Gott nach ihnen ist.

Schwester Teresa

Für alle, die eine schlimme Diagnose erhalten haben oder befürchten

Meine liebe Freundin, lieber Freund,

ich kann mir vorstellen, wie schwer es ist, über das zu sprechen, wofür es kaum die richtigen Worte gibt. Vielleicht fühlt es sich wie ein Schock an, auch wenn Du gar keine Worte für Deine Gefühle findest.

Man hat Dir gesagt, dass etwas in Deinem Körper ist, was da nicht hingehört. Sie haben vielleicht einen Knoten, einen Tumor oder veränderte Zellen oder Gewebe entdeckt. Man hat Dir vielleicht auch gesagt, dass er bösartig ist und schnellwachsend.

Leider löst eine solche Diagnose pure Angst aus. Meistens Todesangst, weil das Wort „Krebs" leider mit vielen Vorurteilen belastet ist. Vor allem wenn man vorher nie ernsthaft erkrankt war. Angst ist das mieseste Gefühl, das alles in dir lahmlegen kann. Die schlechteste Nachricht, die ein Mensch bekommen kann, ist eine schlimme Diagnose, eine Krankheit, womöglich lebensbedrohlich. Sie stellt wirklich alles auf den Kopf. Und man braucht ein paar Tage, um alles sortieren zu können. Ein pures Gefühlschaos für Dich und Deine Lieben.

Angst zu haben ist völlig okay. Total normal. Ist erst mal grausam und echt schwer. Du darfst alles fühlen und alles denken. Nur Stück für Stück kannst Du das Gehörte einordnen. Angst ist aber nicht Dein Feind, sondern eine normale seelische Reaktion. Oft entsteht sie durch fehlende oder unzureichende Information. Aber Krebs bedeutet nicht automatisch Sterben oder Todesurteil. Erst einmal ein Auf und Ab. Aber Du bist damit nicht alleine.

Nachdem ich all das selbst erlebt habe, Entdeckung, Diagnose, Untersuchungen, Operation, Chemotherapie, Bestrahlung und Reha, möchte ich Dir zuerst sagen, wie unendlich leid mir das tut, dass Du das erleben musst. Die ersten Tage sind so schwer.

Du bist derselbe einmalige und wundervolle Mensch wie vorher, der jetzt leider krank ist. Jeder einzelne Tag, den Du nun erlebst, ist dennoch Dein Tag.

Hätte ich nur damals einen Bruchteil von dem gewusst, was ich inzwischen als mündige Patientin weiß. Man fühlt sich wie am ersten Schultag oder vor einer Prüfung, bei der man nicht gelernt hat. Man weiß erst mal gar nichts, so viele Fremdwörter.

Gott sei Dank leben wir in einem Land mit allen medizinischen Möglichkeiten. Es gibt so hochkomplexe Instrumente, die helfen können, alles zu entdecken. Wir haben erfahrene Ärzte und Pflegepersonal, die sich auskennen. Weil Du nicht die oder der Erste mit dieser Diagnose bist, möchte ich Dir Mut machen. Ich wusste auch nicht, wie viele wir sind.

Nimm Dir immer etwas zu schreiben mit und frage, so viel Du kannst. Je mehr man weiß, desto mehr Angst verliert man. Du hast immer das Recht auf eine zweite Meinung. Du bist keinem Arzt oder Klinik nur ausgeliefert. Es ist Dein Leben, Dein Körper. Du bist keine Nummer, Du bist Du. Gottes heiß geliebtes Kind.

Heute würde ich mir immer etwas zu lesen mitnehmen. Oder ich male gerne am Handy. Viele Wartezeiten muss man überbrücken. Vergiss nicht, es ist Deine Lebenszeit. Wunderbar, wenn Dich immer jemand begleiten könnte. Vor allem zu den wichtigen Gesprächen. Besteh darauf. Umarmen, Hand halten, kuscheln, Ängste aussprechen, miteinander weinen und lachen sind nicht verboten, ich glaube sogar küssen nicht. Es ist auch eine gemeinsame Zeit, wenn auch eine schwere. Und sich für danach etwas Schönes überlegen. Euer Leben geht an diesem Tag weiter.

Ich bin überzeugt, dass Deine Familie und Freunde für Dich da sein werden oder für Dich beten werden, wenn Du Dich ihnen anvertraust. Du musst Dich für nichts schämen, trau Dich auch zu sagen, wenn Du erst mal niemanden sehen oder mit niemandem reden magst. Spüre einfach in Dich hinein, was Dir jetzt guttun würde. Bald wirst Du selbst merken, wer Dir guttut.

Du musst erst mal gar nichts! Weder positiv denken noch stark sein, kämpfen oder irgendetwas schaffen. Schritt für Schritt, wie Du kannst.

Du wirst merken: Ärzte sind auch nur Menschen. Es gibt großartige und andere. Ich wünsche Dir die großartigen, die einfühlsamen, die verständnisvollen. Wenn Du Dich gut fühlst, Vertrauen aufbauen kannst, Dich aufgehoben fühlst, kann so viel von der Therapie gelingen.

Wenn nicht, bitte glaube nicht alles, was man Dir sagt. Hätte ich auf die ersten gehört, würde es mich heute wahrscheinlich nicht mehr geben. Du hast das Recht auf eine zweite Meinung.

Es gibt die hilfreiche, großartige App von YES WE CANCER zum Runterladen. Die Selbsthilfe-App, wo Du so Antworten auf Deine Fragen zum Thema Krebs bekommst.

Hab Mut. Du kannst mich auch gerne anschreiben oder anrufen. Ich helfe Dir, so gut ich kann. Ich bete für Dich. Du musst den Weg nicht alleine gehen.

Ich bin da für Dich und melde mich immer, so schnell ich kann.

Du Wundervolle, Du Wundervoller.

Vielleicht hat Dir das Lesen dieses Buches geholfen und Dich ermutigt.

Umarme Dich.

Schwester Teresa

Nachwort
Prof. Dr. med. Jalid Sehouli

Medizin ist eine Naturwissenschaft, aber vor allem eine Erfahrungswissenschaft, daher sind die Erfahrungen, die Schwester Teresa in diesem großartigen Buch festgehalten hat, so wertvoll, die sie mit uns teilt. Damit Erfahrungen festgehalten werden können, bedarf es einer inneren Kraft und Haltung, eigene Ängste und Zweifel zu überwinden, um die Paralyse des körperlichen und seelischen Körpers zu begegnen. Resilienz bedeutet auch in Krisen zu wachsen und die jeweiligen Energie- und Kraftquellen zu nutzen.

Schwester Teresa ist ein wunderbares Symbol dafür, dass aus Zweifel und Angst Mut und Inspiration werden können, und dass alle menschlichen Emotionen ineinandergreifen.

Sie ist ein Symbol dafür, dass Respekt, Selbstbewusstsein, Demut, Dankbarkeit und Solidarität sowohl für die Krankheitsbewältigung als auch für das menschliche Miteinander die zentralen Attribute sind.

Ich danke für die wunderbaren Begegnungen mit Schwester Teresa und der großen Chance, auch von ihren persönlichen Erfahrungen zu lernen und gemeinsam mit ihr für einen notwendigen Perspektivenwechsel in der Medizin, aber auch in der Gesellschaft insgesamt einzustehen.

Anmerkungen/Quellenhinweise

Fabian Vogt: „Du schaffst es", © Fabian Vogt

Dr. Jalid Sehouli: „Von der Kunst, schlechte Nachrichten gut zu überbringen" Kösel-Verlag; 2. Auflage 2018. Mit freundlicher Genehmigung des Autors

Die Bibelstellen sind folgenden Übersetzungen entnommen:

Trotz intensiver Suche konnten nicht in allen Fällen die Rechteinhaber ausfindig gemacht werden. Für Ihre Hinweise sind wir dankbar.

Teresa Zukic

Lebe, lache, liebe
... und sag den Sorgen Gute Nacht!

Hardcover, 128 Seiten
ISBN 978-3-7655-0609-3

Auch als Hörbuch und Ebook erhältlich.

„Schwester Teresa macht sich Sorgen um die Sorgen. Zum Glück. Die meisten Menschen sorgen sich viel zu viel. ... Höchste Zeit, sich mit dem leidigen Phänomen des Sorgens mal ein bisschen intensiver zu beschäftigen. Und da ist Schwester Teresa genau die Richtige. Eine fromme Tausendsassa, die mit beiden Beinen auf dem Boden steht und dabei den Blick immer fest in den Himmel gerichtet hält. Vor allem aber schafft sie es auf eindrückliche Weise, dass einem bei so einem Thema das Lachen nicht vergeht, sondern die Seele heiter und das Herz froh wird.", so der Schriftsteller, Musiker, Kabarettist und Pfarrer Fabian Vogt über Teresa Zukics Buch.

In „Lebe, lache, liebe ... und sag den Sorgen Gute Nacht!" beschreibt Teresa Zukic, wie es gelingen kann, die Macht unguter Gedanken zu stoppen, damit die Seele – trotz aller Sorgen – wieder heiter und das Herz froh wird. Und es geht um das Licht Gottes, das unsere Tage hell machen will.

BRUNNEN VERLAG GMBH
www.brunnen-verlag.de